新版 人気店の食パンの技術

旭屋出版

高まる食パンへの関心

食パン専門店のパン、人気店の高級食パン、話題の食パンなど、今、「食パン」が話題を集めています。そうした食パンは、1斤当り500円以上のものは珍しくなく、700円を超えるものもあります。しかも、それを購入するために、お客はわざわざ予約したり行列したりしているのです。

ベーカリーにおける食パンの位置づけは、身近で毎日食べられる手軽なパンでした。しかし、低価格の大手のパンが登場し、多くのお客がそちらに流れました。ところが、今注目の食パンは、価格的には従来とは真逆で非常に高価。しかも、1枚でも満足感のある味わいです。包装にも気を使い、食パンが贈答品として用いられるなど、従来のベーカリーでは捉えきれなかったマーケットも掴めるようになりました。

さらにそれらのお店は、東京や大阪などの大都市部に加え、近年では地方都市にも広がっています。一時的なブームを超えて、それが定着し始めています。価格の安さで勝負する食パンにはない味わい。それに納得すれば、高価でも支持するお客がいるということです。

以前から、ベーカリーは「食パンが売れる店＝人気店」という傾向がありました。そうした傾向は、食パンへの関心が高まる今日、ますます強まっているといってもいいでしょう。美味しい食パンを求めるお客を満足させるためには、これまでの食パンの魅力をさらに一層充実させる必要が出てきます。

そこで今、注目の食パンの技術を、人気店に取材しました。2007年発刊の「食パンの技術」（小社刊）をベースに、さらにバリエーションを充実させ、人気店の店主の、オリジナルの食パンに対する味作りの考え方を含め、その技術のポイントを詳しく紹介します。自店の食パンを見直し、さらなる魅力化のための参考にしてください。

旭屋出版　編集部

ご登場いただくお店

※お店の情報は、2019年10月7日現在のものです。

ARTISAN BOULANGER MONSIEUR IVAN《アルチザン　ブーランジェ　ムッシュイワン》 日野店

2006年の立川店に続き、2016年に開業。有名ホテルのベーカリーで長年活躍してきた小倉シェフが、伝統的製法を継承しながらも、新しい発想でオリジナルパンを焼くお店。店内にはカフェを併設。

住所／東京都日野市南平4-10-4
電話／042-591-7000
URL／http://www.ivan.shop-site.jp/index.html
営業時間／8:00〜19:00
定休日／年中無休

Bon Vivant《ボン　ヴィボン》

パン屋の激戦区・田園都市線沿線にあって、平日は350人、休日は500人を集客する人気店。約25種類のサンドイッチや食パンをそろえ、住宅街のニーズに応える。

住所／神奈川県横浜市青葉区青葉台1-32-2
電話／045-983-5554
URL／http://www.bon-vivant-pan.com/
営業時間／8:00〜19:00
定休日／月曜日、第1火曜日

BOULANGERIE LA SAISON《ブーランジェリー・ラ・セゾン》

ヨーロッパの街なかにあるような、地域に根ざしたパン店を目標に、2004年6月に開業。型焼きパンやハード系パンのほか、日本で馴染みのある菓子パンなども豊富に揃える。

住所／東京都渋谷区代々木4-6-4　エクセレント代々木1階
電話／03-3320-3363
URL／https://www.la-saison.jp/
営業時間／6:30〜20:30（日曜日、祝日は19:30まで）
定休日／火曜日

BOULANGERIE MAISON MURATA

ブランジェリー メゾン・ムラタ

地下鉄・和田岬駅からほど近い古い商店街に、2015年に開業。フランスで修業を積んだ村田圭吾さんが作るのは、本格派のハード系から菓子パンまで豊富。レストラン卸しも行う。

住所／兵庫県神戸市兵庫区小松通2-3-14
電話／078-587-3977
URL／https://maisonmurata.com/
営業時間／7:15〜17:30（日曜日は14:00まで）
定休日／月曜日、水曜日

boulangerie onni

オンニ

店名は、フィンランド語で「幸せ」の意味。ハード系から菓子パン、惣菜パンまで幅広く揃い、2015年のオープン以来、駅から離れた場所でも遠方から来るファンも多い人気店。

住所／神奈川県横浜市港南区上大岡3-10-1
電話／045-367-8501
URL／http://boulangerie-onni.com/
営業時間／8:00〜18:00
定休日／日曜日

Boulangerie Rauk

ブーランジェリー・ルーク

ハード系のパンを中心に、黒豆や抹茶、豆乳など京都らしい食材を組み合わせたパンも揃えた、幅広い年齢層に人気のベーカリー。近年、外国人観光客にも評判を集めている。

住所／京都府京都市下京区西洞院七条上ル福本町422-2
電話／075-361-6789
URL／http://rauk.okoshi-yasu.com/
営業時間／7:00〜18:30
定休日／木曜日

BOULANGERIE TOAST

ブーランジェリー・トースト

「とげぬき地蔵」で有名な、東京・巣鴨にある老舗のパン店。多種類の食パン、オリジナル菓子パン、新作が次々と登場するサンドイッチなど、豊富なアイテムで人気を獲得。

住所／東京都豊島区巣鴨1-19-10
電話／03-3943-2345
URL／http://boulangerie-toast.jp/
営業時間／8:00〜19:30（土曜日は19:00まで）
定休日／日曜日、祝日

Boulangerie Chez Kazama

ブーランジェリー シェカザマ

飾りパンの第一人者として知られる風間豊次シェフの営むブーランジェリー。食パンは、最高級の「パン・ド・プルミエ」をはじめ、大使館御用達のグラハムブレッドなど、約10周囲が揃う。

住所／東京都千代田区一番町10　一番町ウエストビル1階
電話／03-3263-2426
URL／http://www.chez-kazama.jp/
営業時間／8:30〜20:30
定休日／日曜日

CONCENT MARKET

コンセントマーケット

パン、バケット、カンパーニュ、チャバッタの生地をベースに、約60種のパンを展開。2010年の開業当時から、低温長時間発酵で小麦の風味を大切にしたパンを作り続ける。

住所／兵庫県西宮市寿町5-15
電話番号／0798-23-0707
URL／http://concent-market.com/
営業時間／8:30〜19:00
定休日／月曜日、火曜日

Fournier

フルニエ

最寄り駅から離れている住宅地にありながら、朝6時には全100アイテムのうち7〜8割を焼き上げ、お昼までにはほとんど売り切ってしまう繁盛店。本格派のハード系パンも得意。

住所／大阪府和泉市のぞみ野3-11-24
電話／0725-55-2220
URL／http://www.fournier.jp/
営業時間／6:00〜売り切れ次第閉店（昼過ぎ）
定休日／日曜日、月曜日、木曜日

Loin montagne

ロワン　モンターニュ

白神こだま酵母と北海道産小麦を主体に、厳選した食材を使った安心・安全なパン作りを行う街のパン屋さん。昼時になると並ぶ、食パンを使ったサンドイッチも人気。

住所／東京都北区王子本町1-15-20　高木ビル1階
電話／03-3900-7676
URL／http://www.loin-montagne.com/
営業時間／10:00〜17:00
定休日／日曜日、祝日、第2・4土曜日

Meisters Backstube KAKINUMA
マイスターズ　バックシュトゥーベ　カキヌマ

マイスター資格をドイツで修得したシェフが作る、パンとお菓子の店。全て、国産小麦を使い、自家培養酵母のみを使っている。ジャムやあんなども自家製のもの。

住所／愛知県名古屋市千種区桜が丘58
電話／052-781-3353
URL／http://meisters-backstube.com/
営業時間／9:30〜18:30
定休日／日曜日、木曜日

Pain de Nanosh
パン・ド・ナノッシュ

休日には500人が訪れる、湘南地区でもトップクラスの人気店。2016年1月に現在の場所に移転。イートインコーナーもある。2013年には藤沢にも2号店をオープンした。

住所／神奈川県茅ヶ崎市共恵1-4-20　カーサアルボリーズ1階
電話／0467-86-8757
URL／http://nanosh.net/chigasaki.html
営業時間／8:00〜20:00(土曜日、日曜日、祝日は7:00〜19:00)
定休日／無休

Pain des Philosophes
パン・デ・フィロゾフ

「ドミニク・サブロン」シェフを経て、2015年に独立した榎本　哲シェフの店。店内には、食事パンをメインに榎本シェフが美味しいと思うパン・作りたい個性的なパンが並ぶ。

住所／東京都新宿区東五軒町1-8
電話／03-6874-5808
URL／https://www.instagram.com/pain_des_philosophes/
営業時間／10:00〜19:00(売り切れ次第閉店)
定休日／月曜日、不定休

peu frequente
プーフレカンテ

2000年にオープンした、"隠れ家"的な人気店。菓子パンも評判な同店、大人気の食パンは13種類も揃えている。予約して購入するのがお勧めなほど、連日どんどん売れる。

住所／愛知県名古屋市瑞穂区富岡通り1-25　シャンボール近藤1階
電話／052-858-2577
営業時間／8:00〜19:00
定休日／月曜日、火曜日

pointage
ポワンタージュ

パンシェフである兄の中川清明さんと、キッチンシェフである弟の中川英司さんが兄弟で営むベーカリーカフェ&レストラン、豊富なパンと合わせてデリも扱っている。

住所／東京都港区麻布十番3-3-10
電話／03-5445-4707
URL／http://http://pointage-azabu10ban.com/
営業時間／10:00～23:00
定休日／月曜日、第1･3火曜日

アカリベーカリー

ホテルや人気店で修業した高山　顕さんが、地域の人が、毎日食べるパンを焼きたいと、2015年にオープン。食事パンや惣菜パン、菓子パンなど、常時50種ほどが店内に並ぶ。

住所／東京都国立市中1-7-64
電話／042-505-4263
営業時間／10:00～14:00、15:00～19:00
定休日／日曜日、月曜日

シャルムベーカリー・ポンシェ

食パンの種類が豊富で、一番人気の「ゴールド食パン」は、遠方から車で買いに来る人も多い。手間を惜しまず、サンドイッチのフィリングも手作りする。郊外の住宅街で、お客を集めている。

住所／愛知県名古屋市瑞穂区東栄町5-18
電話／052-852-4070
URL／http://www.ponshe.com/index.html
営業時間／7:30～18:30(売り切れ次第閉店)
定休日／月曜日、火曜日

とらやベーカリー

シンプルで力強いパン作りを心掛け、常時50種類ほどを用意。その中で、新しいアイデアを盛り込んだ商品を次々と提案して喜ばれている、地域密着型の人気店。

住所／東京都葛飾区東金町3-17-4　とらやビル1階
電話／03-5660-2355
URL／https://toraya-bakery.at.webry.info/
営業時間／11:00～売り切れまで(早い時で16:00～17:00閉店)
定休日／日曜日、月曜日

ブーランジュリー　オーヴェルニュ

「ビゴの店」「ドンク」などで修業を積んだ井上克哉さんが、東京・葛飾区に2003年11月にオープン。本格派のハード系パンをはじめ、ヴィエノワズリー、食パンなどが評判。

住所／東京都葛飾区立石6-5-7
電話／03-3691-5102
URL／http://auvergne.jp/auvegne.html
営業時間／7:00〜19:00
定休日／年末年始

フランス菓子・フランスパン　ビゴの店

美味しいフランスパンを日本中に広めたフィリップ・ビゴさん創業の店。1972年に開業以来、厳選素材を使い、リーズナブルで安心して食べられるパンとお菓子を豊富に提供。

住所／兵庫県芦屋市業平町6-16
電話／0797-22-5137
URL／http://www.bigot.co.jp
営業時間／9:00〜20:00（金曜日・土曜日は21:00まで）
定休日／月曜日（祝日の時は翌日に振り替え）

富士山の溶岩窯の店 season factory パンの実

2005年7月開業。「健康、安全、美味しさ」をテーマに、地元野菜を取り入れた季節感豊かなパン190種類を提供。店内は空気の浄化のため、壁には炭を埋め込んでいる。

住所／兵庫県西宮市小曽根町3-8-24
電話／0798-47-8787
URL／http://www.pannomi.jp/
営業時間／9:00〜19:00（土曜日・日曜日・祝日は8:00〜）
定休日／月曜日、火曜日

株式会社　愛工舎製作所

製パン・製菓機械の製造・輸入・販売を行う。1999年には発酵種製造機「ルバン30」を輸入し、ルヴァンリキッドを用いた新しいパン技術を紹介。伊藤雅大さんは同社セミナー講師として活躍中。

住所／埼玉県戸田市下戸田2-23-1（本社）
電話／048-441-3366（代）
URL／http://www.aicohsha.co.jp
営業時間／9:00〜17:30
定休日／土曜日、日曜日、祝日

新版　人気店の
食パンの技術
Contents

060

アカリブレッド
アカリベーカリー

064

食パン
Pain de Nanosh
パン・ド・ナノッシュ

068

角食パン
pointage
ポワンタージュ

072

白神の幸
Loin montagne
ロワン モンターニュ

044

紅麹食パン
富士山の溶岩窯の店 seasonfactory パンの実

048

ムッシュブレッド
ARTISAN BOULANGER
MONSIEUR IVAN 日野店
アルチザン ブーランジェ ムッシュイワン

052

マスカルポーネ入り湯種食パン
シャルムベーカリー・ポンシェ

056

角食ホワイト・角食ブラウン
BOULANGERIE MAISON MURATA
ブランジェリー メゾン・ムラタ

076

ミルキーブレッド
ARTISAN BOULANGER
MONSIEUR IVAN 日野店
アルチザン ブーランジェ ムッシュイワン

080

パン・カレ
ブーランジュリー オーヴェルニュ

084

すがもトースト
BOULANGERIE TOAST
ブーランジェリー・トースト

088

イワンブレッド
ARTISAN BOULANGER
MONSIEUR IVAN 日野店
アルチザン ブーランジェ ムッシュイワン

092

食パン
BOULANGERIE LA SAISON
ラ・セゾン

096

グラハム食パン
フランス菓子・フランスパン ビゴの店

100

白神生クリーム食パン
Loin montagne
ロワン モンターニュ

104

角食パン
Fournier
フルニエ

152

ギャバブレッド

BOULANGERIE LA SAISON《ラ・セゾン》

136

豆乳食パン

Boulangerie Rauk《ブーランジェリー・ルーク》

156

グラハムブレッド

Boulangerie Chez Kazama《ブーランジェリー　シェカザマ》

140

マニトバ・ブレッド

ブーランジュリー オーヴェルニュ

160

ハードトースト

boulangerie onni《オンニ》

144

ハードトースト

peu frequente《プーフレカンテ》

164

ライ麦パン

とらやベーカリー

148

湯種食パン

Meisters Backstube KAKINUMA《マイスターズ バックシュトゥーベ カキヌマ》

本書を読む前に

●本書は、019ページ～028ページで「並食パン」「熟成リッチ食パン」の配合と製造工程、考え方を紹介。
029ページ以降で人気店の「角食パン」「山型食パン」の製法・配合と考え方を紹介しています。

●029ページ以降に紹介している食パンには、お店で提供されているものと、お店で試作していただいたものあるいは過去に出していたものがあります。お店で提供されているパンに関しましては、価格を表示してあります。それ以外につきましては、価格を表示してありません。

●お店で提供されているパン(=価格を表示しているもの)に関しては、時期によっては材料その他の関係で、提供されない場合もあります。

●配合はベーカーズパーセントで表記しています。

●製法は、お店の表記にしたがって掲載しています。

●パンの配合と製法は、令和元年10月7日時点のものです。

●配合やミキシング時間、発酵時間、焼成時間などは、季節や気温によって変わります。

●お店のデータは、令和元年9月30日現在のものです。

基本のアレンジから広がる「並食パン」「熟成リッチ食パン」の技術

解説・指導／株式会社　愛工舎製作所　研究室　テクニカルアドバイザー

伊藤雅大

最も代表的な食事パンとして、日本のベーカリーには欠かすことのできない「食パン」。その中でも、基本中に基本として古くから知られる「並食パン」と、食パンブームにも対応できる「熟成リッチ食パン」の配合と工程を紹介する。またそれだけでなく、人手不足というベーカリーの現状を念頭に、少しでも作業効率が改善するアレンジも取り入れたアイデア・製法も紹介。

並食パン
（ストレート）

食パンの基本中の基本で、あまりに基本的過ぎて、今では作る人も少ないのではないかというストレートノーパンチの食パン。昔から「並食パン」と言われてきたパンをベースに、現代でも参考になる手法も取り入れた製法を紹介します。トーストして食べることの多いパンで、焼くと香ばしい香りが立ち優しい味わい。食感は歯切れの良いのが特徴です。

【配合】

イーグル…100%
砂糖…5%
塩…2%
生イースト…2.2%
脱脂粉乳…3%
ショートニング…5%
ルヴァンリキッド…10%
水…68%

【工程】

▶ミキシング
1速3分、2速9分
↓（ショートニング）
1速1分、2速5分前後
捏ね上げ温度28℃

▶1次発酵
70分前後

▶分割・丸め
1玉230g（型による）

▶ベンチタイム
20分前後

▶成形
モルダーに2回通して俵型にし、
2斤型に4玉入れる

▶最終発酵
温度38℃・湿度78%　50〜60分

▶焼成
蓋をして、上火230℃・下火250℃
で30分前後

【機器】

- ミキサー…㈱愛工舎製作所
マイティS60ドラゴンフック
- オーブン…㈱愛工舎製作所
ミベコンドオーブン

「並食パン」をベースに、時代に合わせてアレンジ

まず基本の食パン作りを紹介するにあたっては、ノーパンチのストレート法で作る、いわゆる「並食パン」と言われてきたパンのレシピをベースにしました。昔のパン作りを勉強された職人の方なら、よくご存知のパンではないかと思います。

この「並食パン」は、あまりに基本的すぎて配合もシンプルなため、今日のように様々な食材を加え、工程に工夫を凝らして他店と差別化したパンを作ることが求められる現代のパン店では、作る人もほとんどいないのではないかというイメージがあります。

その「並食パン」の配合をベースに、ルヴァンリキッドを加えてアレンジしたのが、ここでご紹介するパンです。

また、ルヴァンリキッドでアレ

ミキシング

1

ミキサーボールに水を入れ、塩、砂糖を加える。別のボールで、仕込み水の一部を使い、イーストを溶かしておく。

2

ルヴァンリキッドを加える。乳酸菌の多いルヴァンリキッドを加えることで、後の工程時間を長く取らなくても生地の熟成感を促すことができる。

ルヴァンリキッドを添加しない場合は、生イーストを3％に調整する。また、捏ね上げ温度を少し下げ、一次発酵の時間をやや長めに取る製法もある。

3

1で溶かしておいたイーストも加える。粉（脱脂粉乳と合わせておく）を入れる前に、水にショートニング以外のすべての材料を入れて溶かす。

4

最後に、前もって脱脂粉乳と合わせておいた粉を加える。

小麦粉は、食パン用の強力粉を使用。最も基本的なストレート法の「並食パン」は、トーストしてバターをぬって食べることが前提のため、使いやすい粉を選ぶと良い。

ンジを加えたことと同時に、これからのパン業界の置かれた状況に対応するため、「並食パン」と2品目の「熟成食パン」では、いくつかの提案・アイデアも盛り込みました。その点は、工程の解説にあわせて後述します。

ルヴァンリキッドを使い短時間で生地に熟成感を

材料は、食パンの製パンに向く強力粉を使用しています。脱脂粉乳を使い、油脂はショートニングを使っています。生イーストは、2.2％。これはルヴァンリキッドを加えた場合の配合で、加えない昔のレシピは3％です。

ルヴァンリキッドを添加しない従来のノーパンチストレート法の食パンは、風味は良いのですが、その反面、パンの老化が早く、翌日以降はパンが硬くなるという欠点がありました。

そうした欠点の対策として、

一次発酵

5

材料が全て入ったら、ミキサーを回す。最初は1速で3分、2速で9分。ミキサーが止まったら、一度生地の状態を確認する。

6

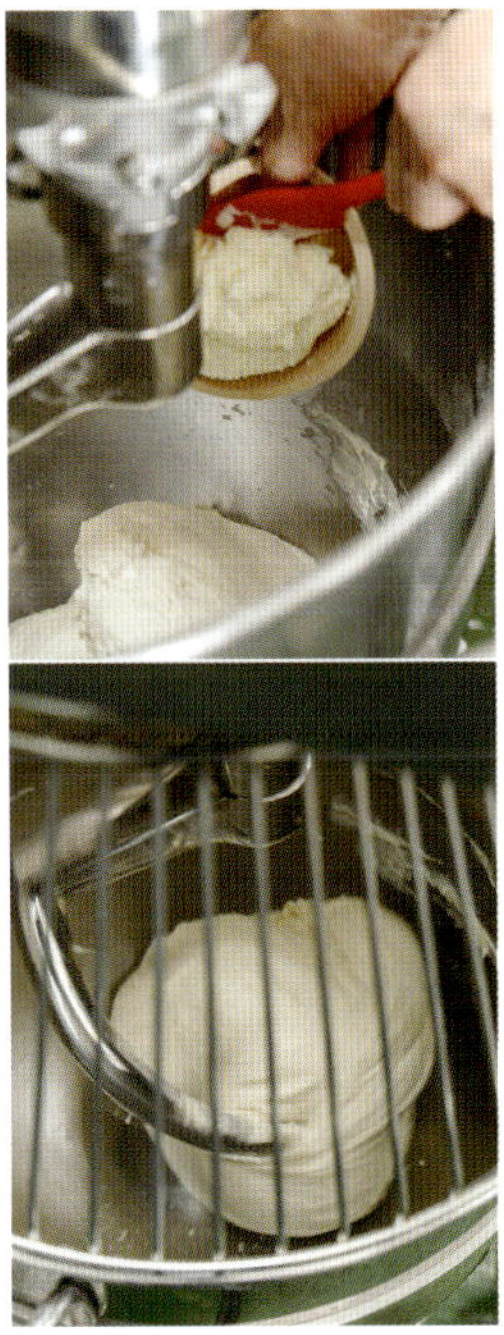

生地ができていたら、油脂を加える。ここではショートニングを使用。油脂を入れたら1速1分、2速で5分前後回す。

7

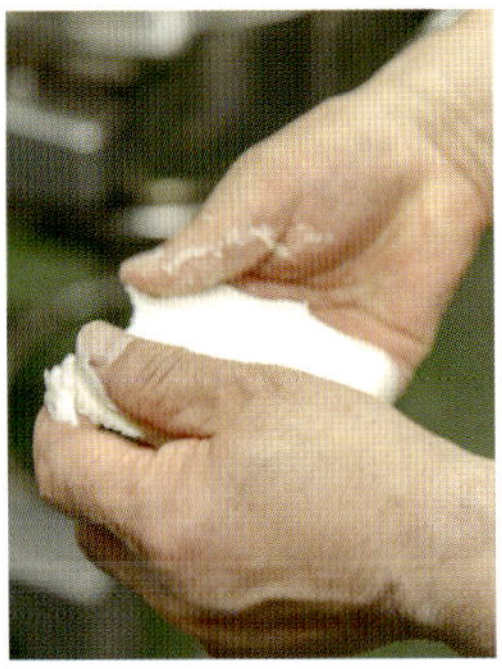

ミキサーが止まったら、生地の状態を再度確認して、ミキシングは終了。

8

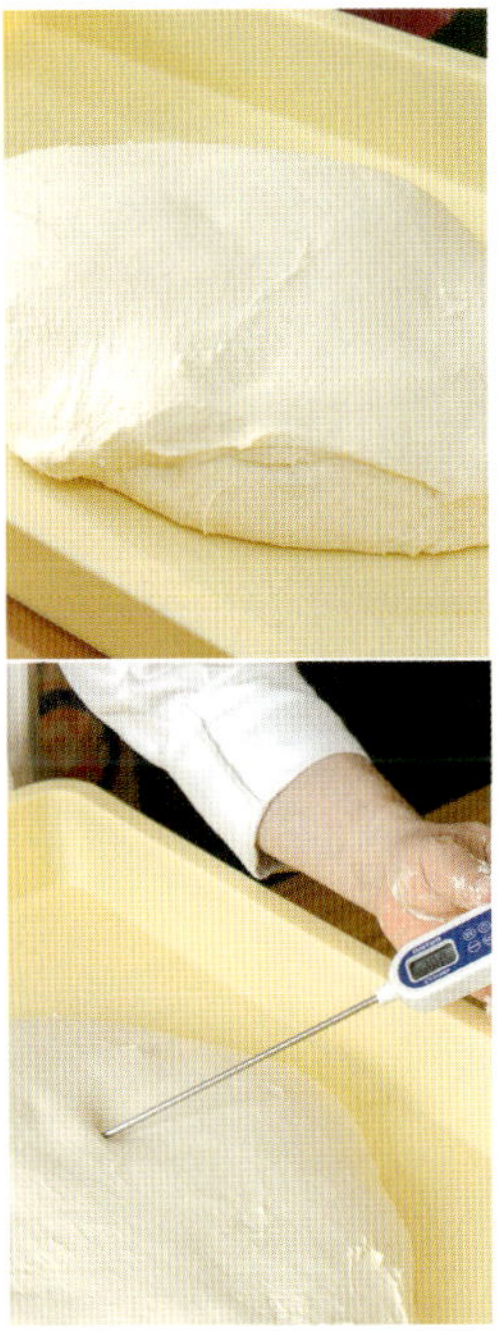

捏ね上げ温度は28℃。パンジュウに移し、乾燥しないようにして、室温で70分置く。

イースト量を控え、捏ね上げ温度を落とし、フロアタイムの途中でパンチを入れるなどして、フロアタイムを長く取るなどの製法もあります。そのことで、ゆるやかに生地の熟成が進み、生地のキメが細かくなり、パンの風味も増して長持ちします。しかし、工程が増え、作業時間が長くなります。

今回の「並食パン」は、ルヴァンリキッドを加えることで、通常の配合・工程でも乳酸菌の働きにより、捏ね上げ生地温度を落とすこともフロアタイムを延ばすこともなく、生地の熟成を促すことができるという利点があります。フロアタイムが短い分、場所を取らず、全体の工程時間も短くできるということです。

また、中種法で作った食パンのようにキメが細かくなり、口溶けも良く、風味豊かな食パンになります。この他にも、生地の熟成が進むことでクラストの歯切れが良

分割・丸め

9

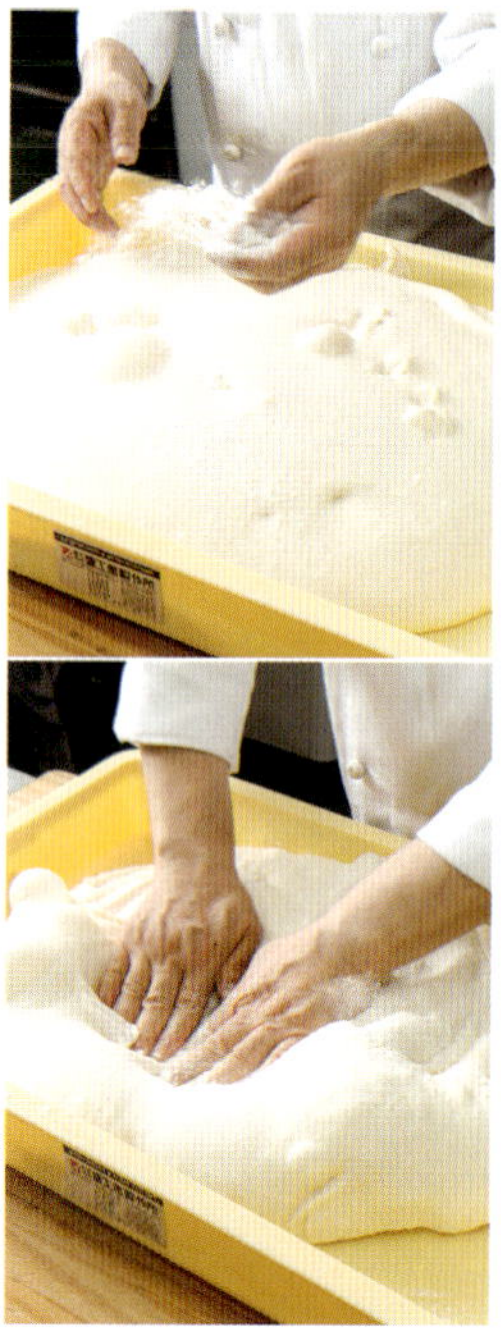

生地の発酵状態を確認。一次発酵した生地は、軽く手で押さえてガスを抜く。

10

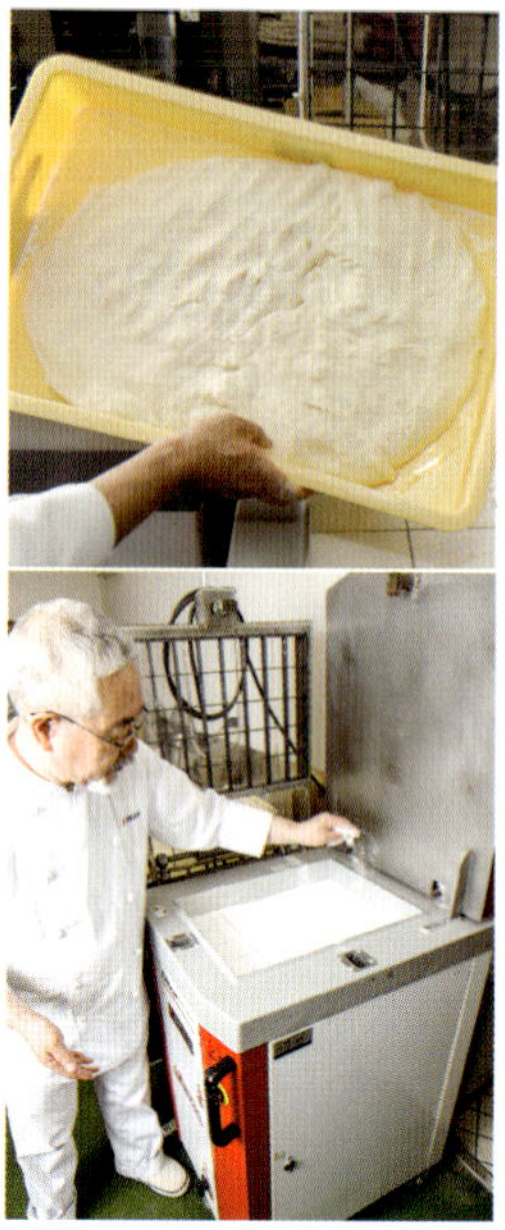

大分割で4600gに分割（1玉230g）。ここでは人の手によらず、分割機を使用した。ガスを抜いた生地を分割機の上にセットし、分割する。1回に20玉分割できる。

分割機はシンプルな構造で、下から刃が出て生地を押し切るように分割する。正確に分割できる上、セットすれば一瞬で分割が可能。職人の確保がますます難しくなる時代には、こうした機器が重宝する。

ベンチタイム

11

生地内にガスが残っているので、ベンチタイムを長く取る必要はない。カットしたものは丸めずに両手で持って折り曲げ、表面を張らすだけで良い。

丸めの作業は時間がかかる上、技術が必要で、職人によって差が出やすい。そこで「丸める」作業ではなく、生地を持って表面を張らせるだけにした。こうした作業の工夫で、熟練の職人が丸めの作業に拘束されないようにすることも考えたい。

成形

12

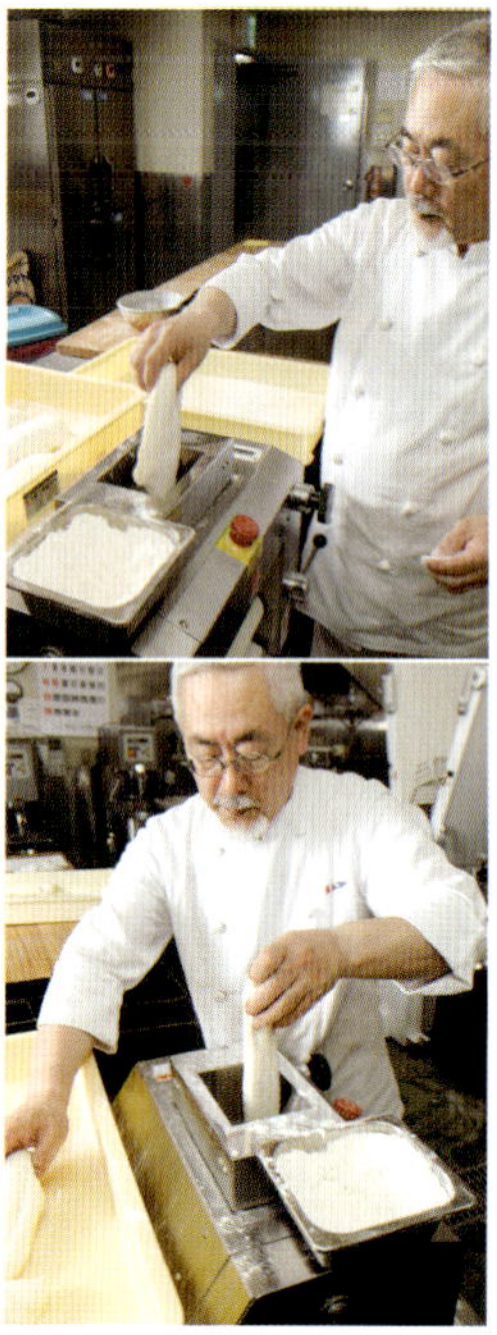

表面を張らした生地は、モルダーにかける。2回通して余分なガスを抜き、俵型にする。

く、食べやすく美味しくなるのもルヴァンリキッドを添加した食パンの特徴です。

耳の部分が薄く、風味が良くなるという特徴は、パンの個性にもなります。耳を落とさないサンドイッチとしても提案できるということです。「耳まで美味しい」を売り物にでき、最終的には余分なゴミも減らすことができるという利点もあります。

今後の働く環境を考え、作業効率を上げる機器も

このパンでの工程上の提案としては、分割作業にあえて分割機を使いました。

分割作業において、生地を傷めず均等にカットするにはそれなりの経験と技術が必要になりますが、分割機は生地をのせれば、押し切るように均等にカットしますので、手での分割作業より正確で、圧倒的に時間がかかりません。そ

13

モルダーに通した生地は、油をぬった食パン型に入れる。写真のパンでは2斤型に4玉入れた。

型にぬる油脂は、スプレータイプのものが便利。スプレーは保管に場所も取らず、また型に均等に油脂を吹き付けることができる。

最終発酵

14

最終発酵は、温度38℃・湿度78%のホイロ（写真ではドゥコンディショナー）で50～60分。

焼成

15

良い状態に発酵したら、蓋をしてオーブンに入れる。オーブンは上火230℃・下火250℃。30分前後で焼き上がり。

れに、量を作る場合にも人手が不用です。職人確保がますます難しくなる現代、こうした機器の導入も考えることが必要になってきています。

さらに分割した生地は、カットした形のまま両手で軽く挟んで、表面を張らせる程度にします。丸めはしませんので、その作業に割く時間は短くでき、時間も人手も少なくて済みます。分割機でやさしくカットされた生地は、ダメージが少なく、内部にガスが残っていますので、ベンチタイムをしっかりと取る必要もありませんので、ここでも作業工程が短くできます。

最後に、モルダーに2回通して俵型にし、食パン型に入れて最終発酵。温度38℃・湿度78%で50～60分したら、焼成です。

焼成は30分前後。ミキシングから始めて、3時間あまりで焼き上がりです。

熟成リッチ食パン（オーバーナイト）

近年、食パンの専門店ができて話題を集め、また個人店でも人気を呼んでいるのが、乳製品の風味や熟成感を活かした、よりリッチな味わいの商品です。濃厚な味わいを個性にすることで、トーストして食べるというよりも、そのまま味わうスタイルのパンになります。豊かな味わいの出し方は様々にありますので、ここでその一例をご紹介しましょう。

【配合】

- エコード…100%
- 上白糖…6%
- トレハロース…2%
- 塩…2%
- 生イースト…1.5%
- イーストフード…0.1%
- CPマーガリン…7%
- 練乳…4%
- ルヴァンリキッド…10%
- 水…67%

※ストレート法でつくる場合は、ルヴァンリキッド10%・生イースト2.5%前後にしてフロアタイムを60〜90分前後（パンチをとる場合も含め）とることで問題なく焼成できる。この場合の粉の選択は、オーバーナイトに比べると選択肢の幅が広がる。

※山食（パン・ド・ミ）は、トーストしてガリッとした食感を楽しませることが多いので、糖分や油脂を抑えるレシピにすると良い。

【工程】

前日仕込み

▶ミキシング

1速3分、2速9分
↓（CPマーガリン）
1速1分、2速5分前後
捏ね上げ温度25℃前後

▶一次発酵

30分前後

▶分割・丸め

1玉230g

▶冷蔵熟成※

4℃の冷蔵庫でひと晩保管

▶成型

翌日、生地を常温（生地温度17℃前後）に戻し、モルダーに2回通して俵型にし、2斤型に4玉入れる

▶最終発酵

温度38℃・湿度78%　90分前後

▶焼成

蓋をして、上火220℃・下火240℃で30分

※生地をドウコン管理する場合の設定
保冷　予熱時間まで0℃設定
解凍・予熱　温度4℃で4時間
ホイロ　温度38℃・湿度78%で1時間
（時間調整が必要）

【機器】

- ミキサー…㈱愛工舎製作所
  マイティS60ドラゴンフック
- オーブン…㈱愛工舎製作所
  ミベコンドオーブン

ミキシング

1

ミキシングは焼成の前日に行う。ミキサーボールに、水、塩、砂糖と、トレハロースを入れて溶かす。

トレハロースは甘みはあるが、砂糖などのように焼いても色付きがない。また保湿性にも優れ、焼いて時間を置いてもパサつき感を抑えることができるので、もっと注目したい素材。

2

コクと風味を出すために、練乳を加える。

コクを出すために卵を入れる場合もあるが、卵白のタンパク質は熱が入るとボソボソした食感になるので、卵黄だけにするなど工夫するとよい。卵黄を入れるとコクが出る上、口溶けも良く、生地が口の中ですっと溶けるようになる。

3

ルヴァンリキッド、仕込み水の一部を加えて溶かしておいたイーストを加える。

4

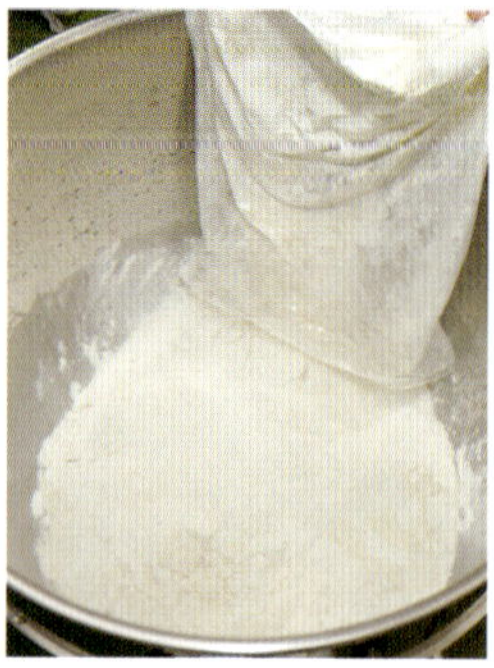

小麦粉を加える。個性的な食パンを作るには、粉の選択が必要。

オーバーナイト法に向く小麦粉としては、タンパク質量が高めで、灰分が低めの粉を選択すると、安定した生地作りができる。

リッチで、満足感の高い風味。話題の高級食パン

高級食パンの店や食パン専門店など、近年、話題を集めている、リッチなタイプの高級食パンの製法について解説します。

話題の高級食パンの多くは、贈答用にされるほどの高価格な食パンで、それまでの〝毎日食べる〟日常のパンとは異なり、トーストよりはそのまま、商品によっては何もつけなくても、充分に楽しむことができ、1枚でも満足感が得られるリッチな味わいです。

そうした味わいを出すために、生クリームや発酵バターなどの乳製品、それに糖分として蜂蜜を贅沢に配合するど、高価な素材を用いてコクの深い濃厚な味わいに仕上げています。

そのように、高級食パンでも個性の出し方によって材料は様々ですし、製法も色々に工夫できます。

5

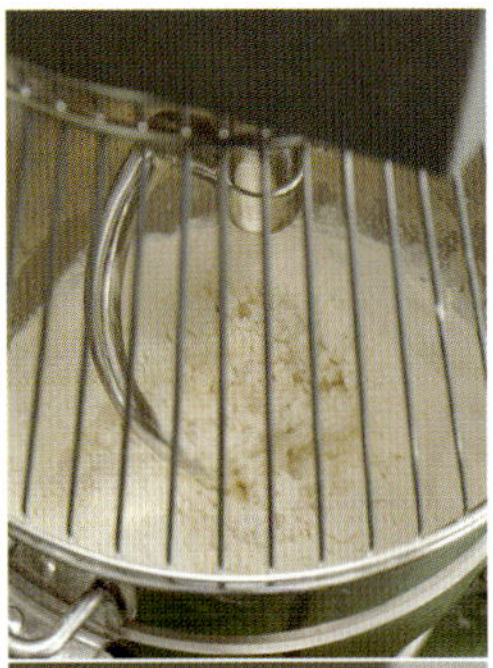

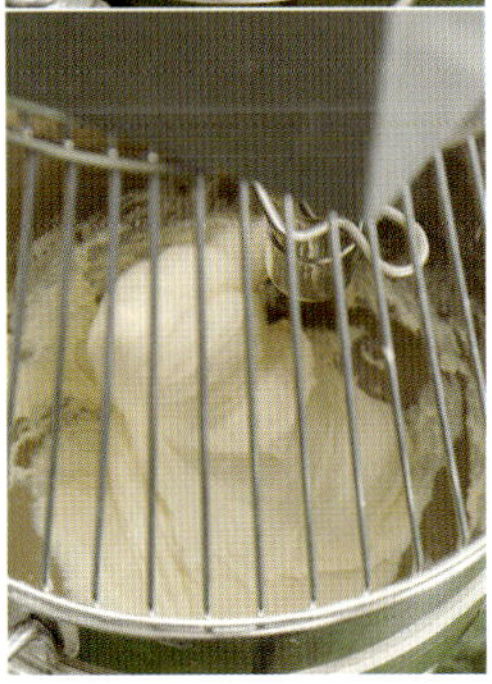

ミキサーを1速3分、2速で9分回す。

6

8割程生地ができたら、いったんミキサーを止め、油脂を加える。ここではあえてコンパウンドマーガリンを使用した。

油脂を投入する際に大切なのは、入れる油脂を生地と同じ柔らかさにしておくこと。バターはマーガリンに比べて固くて生地に馴染みにくいので、事前に常温に置いて柔らかくしておく。

7

再びミキサーを回す。1速1分、2速5分前後。

8

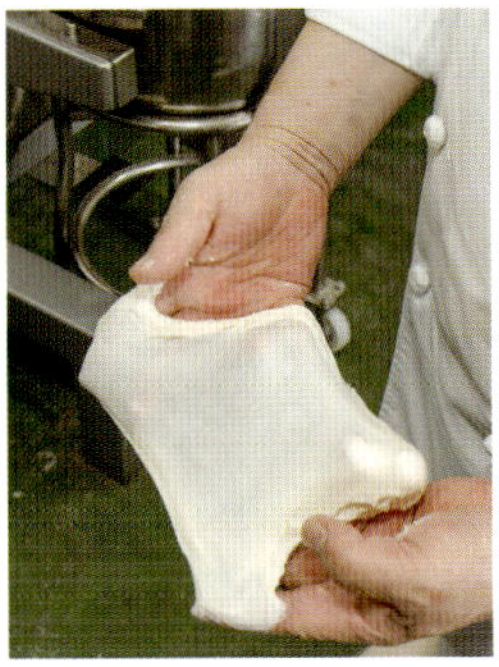

ミキサーが止まったら、生地を取り出して、グルテンができているかどうかを確認する。

油脂はグルテンの形成を阻害するので、ミキシングの最後に、必ずグルテンのでき具合をチェック。生地を広げて、破れず薄く膜が張るまで伸びるかどうかを確認する。

ここでは、オーバーナイトにより熟成感を高めた、ワンランク上の味わいが特徴の食パンの製法を紹介しましょう。

オーバーナイト製法で、豊かな風味の生地を作る

「熟成リッチ食パン」の配合上の特徴としては、トレハロースを使うことで、色付きが押さえられることと同時に、焼成後のパンの保湿性が増す効果を狙っている点です。

またここでは、普段使いでありながらもグレードアップしたパンにするための配合と工程にしましたが、油脂に関しては、あえて原価の高いバターではなく、使いやすいコンパウンドマーガリンを使用しています。

ミキシングを終えた生地は、一次発酵後、分割・丸めまでを行い、冷蔵庫でひと晩置きます。ルヴァンリキッドを添加した生地をオー

一次発酵

9

生地ができたらバンジュウに取り出す。捏ね上げ温度は25℃。乾燥しないようにして、室温で置いて発酵を促す。

分割・丸め

10

一次発酵を終えた生地は、作業台に取り出して分割に入る。ここでは手作業で行った。

11

分割した生地は、丸めて再びバンジュウに入れる。バンジュウには、手粉ではなく油脂スプレーを使うと良い。

冷蔵熟成

12

丸めまで行った生地は、4℃の冷蔵庫に入れて冷蔵熟成を行う。ここまでが前日の作業。4℃に保ったままひと晩保存。

4℃の冷蔵庫に入れると、生地の酵母の活性はゆるやかになるが、小麦の酵素の働きで熟成が進む。

バーナイトで低温発酵させることで、生地の熟成を促し、老化が遅く風味豊かな生地ができます。

一般的に、オーバーナイトの翌日は生地が緩むため、使用する粉は、できれば粗タンパクが高めで灰分が低めの、食パンのオーバーナイト生地に向く粉を選択した方が、より安定したパンづくりができます（ハード系パンのオーバーナイト生地は、この限りではありません）。

なお、ここでの配合には、あえてイーストフードを使用しています。使用すると生地が締り、安定するためです。また、水はアルカリに傾くと生地がダレますので、イーストフードによってpH調整も行えます。

効率化と品質向上のため 冷凍・冷蔵設備の導入も

最後に、「熟成リッチ食パン」でも新たな提案をします。

成形

13

ここからが焼成当日の作業。冷蔵庫から取り出した生地は、モルダーに通す前に生地温度が17℃になるまで生地の復温を行う。復温を早めるために、生地を少し平らにして置いておく。

冷蔵庫から取り出した生地は、表面はすぐに温度が上がるが、芯温は上がりにくい。その状態のままでモルダーに通して焼くと冷蔵障害が起きやすい。このため、芯まで温度を戻す必要がある。そこで、冷蔵熟成では温度管理ができるドゥコンディショナーが便利。

14

生地温が戻ったら、モルダーに通す。

15

1回通して棒状にしたものを、もう1回通して俵型にする。

16

油脂をスプレーした食パン型に詰める。2斤型に4玉入れる。

前日に、分割まで終わらせた生地玉はバンジュウに入れ、冷蔵庫で低温発酵させます。このことで、翌日の作業は成形から始められ、朝早くからの食パン提供が可能になります（生地保管するバンジュウには、手粉ではダマになることがありますので、油脂スプレーを使う方が作業性が上がります）。

パンづくりにおいて、生地の発酵時間は大事な時間です。これを就業時間内に取るのではなく、閉店後の夜間の時間帯を利用して低温でゆっくり発酵を取ることで、当日の朝、暗い時間から店に出て仕込みをすることもなく、仕事の効率アップと商品のクオリティーアップにつなげることができます。ここで紹介した「熟成リッチ食パン」の製法のように、生地を冷蔵庫に入れ、低温で長時間置き、小麦の持つ酵素で生地を熟成させることで、リッチな味わいに仕上げることができます。

最終発酵

17

型に詰めたら、最終発酵に入る。温度38℃、湿度78%のホイロで90分前後。

焼成

18

型の8分目ほどまで生地が上がったら、最終発酵は終了。蓋をする。

19

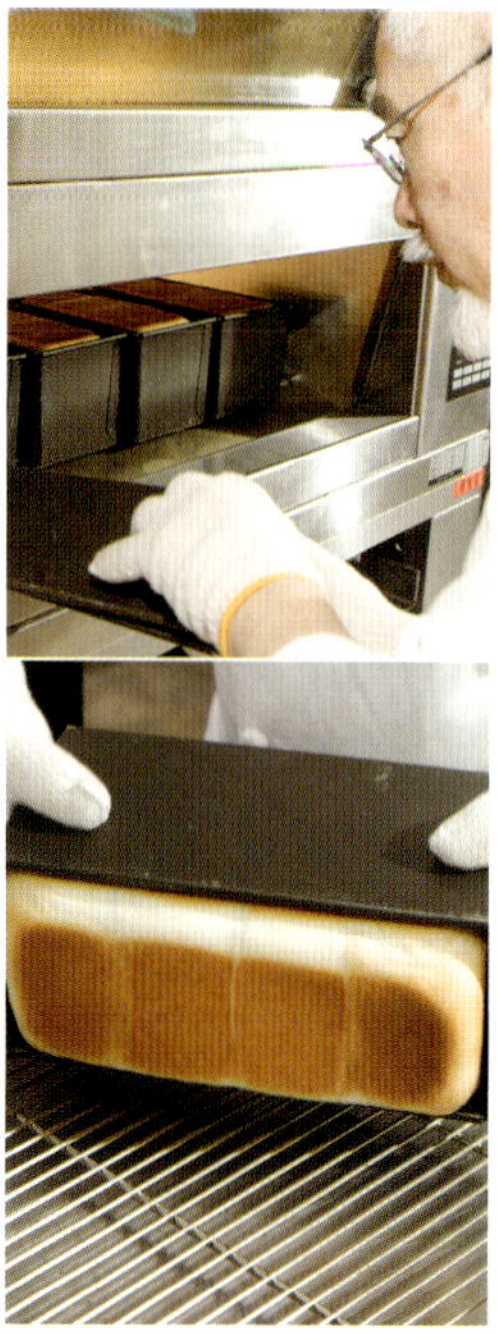

上火220℃、下火240℃のオーブンで、30分焼いたら取り出す。

今後、厳しくなる労働環境を考えた場合、その改善のためには、ドゥコンや冷蔵庫・冷凍庫などの設備を導入し、それらを活用したパンづくりは、ますます必要になってくると思いますので、今回の提案となりました。

さらに、今回の配合工程では、可能であれば生地を冷蔵庫ではなくドゥコン管理することで、翌朝、冷蔵庫から取り出した生地の復温が不用になり、翌日直ぐにモルダー通しすることが可能になります。

＊＊＊

日常づかいがメインで、単価も低かったこれまでの食パンですが、味わいの深い高級タイプの食パンは、何よりも単価が高く、「贈答品」というマーケットを狙うことができます。ブームを機に、リッチなタイプの高級品についても、取り入れることを考えてみてはいかがでしょうか。

人気店の「角食パン」の配合&考え方

アメリカで生まれたと言われる、型に生地を詰め、蓋をして焼く食事パン。それは日本に伝えられ、その形から「角食パン」と独自の名称がつけられ、家庭に広まっていった歴史がある。ベーカリーで最も基本的な商品であるとともに、最も重要なパンの一つだ。ここでは角食パンを大切にしている話題のベーカリーや人気店にご登場いただき、その配合と考え方を紹介する。

ゆめちから食パン

boulangerie onni《オンニ》

オーナーブーランジェ 近賀健太郎

その名の通り、「ゆめちから」100%で作る食パン。超強力粉のため個性が強く、単独では扱い難いといわれる粉をあえて使用。その魅力を引き出すために製法を駆使し、香りの高さで朝に来店するお客から人気を集めている。

〝扱いにくい粉〞100%の配合。中種法で、小麦の個性を引き出す

1本680円 1斤340円（税込）

ゆめちから食パン

【配合】

●中種

ゆめちから（日本製粉㈱）…70%

生イースト…2%

藻塩…0.5%

脱脂粉乳…5%

水…40%

●本捏ね

ゆめちから…30%

生イースト…0.5%

藻塩…1.5%

きび糖…8%

脱脂粉乳…2%

無塩バター…8%

水…30%

【工程】

中種

▶ミキシング

L2分　M2分

捏ね上げ24℃

30分後冷蔵庫（6℃）で12時間以上

本捏ね

▶ミキシング

L2分　M3分

↓（無塩バター）

L1分　M3分　H2分以上

捏ね上げ温度27℃

▶フロアタイム

▶つき丸め

麺台で5分ほど休ませた後、

つきながら折りたたむ。

▶一次発酵

温度28℃・湿度75%　30分

▶ベンチタイム

パンチ後、室温で20分

▶分割・丸め

230g

▶成形

モルダーに2回通し、2斤型に4玉入れる。

▶最終発酵

温度32℃・湿度75%　60分

▶焼成

蓋をして、上火190℃、下火200℃

34分

【機器】

- ミキサー…愛工舎製作所㈱　60コート縦型ミキサー
- オーブン…三幸機械㈱　平窯KAMADO４枚３段

個性の強い「ゆめちから」の魅力を引き出して人気

神奈川・横浜の京急本線、上大岡駅から徒歩7～8分ほどの住宅街に、2015年開業した『ブーランジェリー　オンニ』。周囲に住む人だけでなく、遠方からも来店するパン好きの人を集めている人気店だ。オーナーブーランジェの近賀健太郎さんは、季節感を重視して鎌倉野菜を使った惣菜パンを作ったり、千葉のイチゴ農家と組んで菓子パンを作ったりと、新商品の開発に余念がない。

同店の食パンは、限定商品を入れると10種類。限定品には、季節商品や、週末だけのものもある。

「店の規模は、売り場や客席スペース（3席）を含めて約16坪。それに比べて、食パンの種類は多い方です」と近賀さんは言う。

食パンを多くした理由は、毎日食べるパンだから。お客それぞれに、厚みであったり、食感であったり、味であったりと好みは違う。それに、食べ方もそのままであったり、トーストしたりと、さまざまだ。

「種類が多ければ、そうした好みのどれかに当たるだろうという発想から、色々な個性の食パンを作っているうちに、今のアイテム数になりました」と近賀さん。

中でも「ゆめちから食パン」は、店一番の人気の食パン。商品名の通り、北海道産の「ゆめちから」が土役の食パンで、もちもちの食感が特徴だ。

「日本製粉の研究所の人と修業時代から仲良くさせてもらっていて、この粉の存在は教えてもらっていました。実際、パンを作ってみたら美味しかった。それで自分の店を持ったら、『ゆめちから』の個性を活かした食パンを作ろうと思っていました」と近賀さん。

『ゆめちから』は、それ自体、香りも味も個性が強く、人によっては「臭い」と感じる人もいるほど。さらに、この小麦は秋蒔き小麦だが、タンパク質含有量がひと際高く、膨らみが良すぎるほどだという。こうした特徴のため、この小麦粉を使う場合、他の小麦とブレンドすることが多い。だが、この小麦の個性を全面に出したかったので、近賀さんは『ゆめちから』100%でパンを作った。

〝膨らみすぎる〟強い粉を長時間熟成の中種法で

「ゆめちから」の風味のよさを活かすため、しかも膨らみすぎる扱い難い粉を100%で作るために近賀さんが採用したのが、低温長時間熟成による中種法だった。

「味と香りが魅力の『ゆめちから』ですが、生地が強い。そこで中種法を採用することで、ソフトで口溶けの良いパンに仕上げました。中種をひと晩かけて低温発酵させるのは、作業工程のこともありますが、その方が熟成により小麦の香りと甘みを、より強調できるからです」と近賀さんは語る。

中種は前日に材料を合わせてミキシングし、6℃の冷蔵庫で翌朝まで熟成させる。本捏ねは焼成の当日。ミキシングでは愛媛産の藻塩、国産のきび糖と脱脂粉乳でコクをプラスし、食べ応えを出す。

ミキシング後は30分のフロアタイムを取り、分割しベンチタイム。成形したらホイロで最終発酵を30分以上、その後に30～40分焼成ということで、当日の作業時間は2時間～2時間半ほど。

「開店時間に合わせて8時か、遅くとも8時30分には店に並べるようにしています」と近賀さん。

朝一番のオープンに合わせて、香り高い「ゆめちから食パン」の焼き立てを置き、店内の朝の気分を盛り上げる。それを楽しみに同店に来店するお客も多い。

ゴールド食パン

シャルムベーカリー・ポンシェ

オーナーシェフ 内藤昌弘

1日400斤ほど売れる一番人気の食パン。地元のテレビ番組で人気№1の食パンに選ばれたほどで、予約して買いに来るお客も多い。冷蔵中種で作る、もっちり感があって噛み応えもある生地。翌日でも美味しいと評判がある。

食パンが充実した店で一番人気。
もっちり感で、1日400斤も！

1本594円（税込）

ゴールド食パン

【配合】

●中種

ヘルメス（奥本製粉㈱）…60%

ユーロモルト…0.8%

インスタントドライイースト…0.6%

水…32.5%

●本捏ね

中種…77%

ベストン（奥本製粉㈱）…50%

生イースト…1.0%

塩…2.0%

グラニュー糖…7%

脱脂粉乳…4%

バター…7%

水…36%

【工程】

中種

▶ミキシング

低速4分
捏ね上げ温度25℃

▶一次発酵

常温で45分

▶冷蔵発酵

2～5℃の冷蔵庫で10時間

本捏ね

▶ミキシング

低速5分　2速30秒
↓（バター）
低速5分　2速30秒
捏ね上げ温度26℃

▶一次発酵

温度28℃・湿度75%　45分

▶分割

200g

▶ベンチタイム

30分

▶成形

モルダーに2度通して俵型にし、
2斤型に4玉入れる

▶最終発酵

温度32℃・湿度75%　60分

▶焼成

蓋をして、上火230℃・下火230℃
30分～35分

【機器】

- ミキサー…ディオズナ　スパイラル型
- オーブン…ミベ　デッキオーブン

キメの細かさ、もっちりした食感で人気の食パン

商店のほとんどない住宅街に1件ぽつんと建つ『シャルムベーカリー・ポンシェ』。同店のお客は、わざわざ遠方から車で買いに来る人がほとんど。こぢんまりした店内は、絶えずお客でぎっしりと混み合っている。交通量の多くない住宅地の道路が、同店のパンを求めに来るお客で、瞬間的に渋滞が起きることもあるほどだ。

食パンは人気が特に高いアイテムで、様々な個性や味わいを出した13種類ほどのバリエーションを揃えている。食パンはトータルで1日３００本（1本2斤分で計６００斤）ほども売れている。

その中で一番人気なのが「ゴールド食パン」。現在は１日に４００斤も売れている。地元のテレビ番組で、パンの人気ランキングで1位になったこともある食パンだ。売れているので、1日に5回仕込んでいる。

「ゴールド」とネーミングしたのは、焼き上がったときに輝いているようだから、と内藤シェフはいう。中種ならではのキメの細かい生地で、もっちりした噛み応えのある高級感のある美味しさも、「ゴールド」の名前にふさわしい。

1本（2斤分）５９４円の価格も納得させる味わいで、「他店では食べられない食パンだ」と予約して来るお客も多いという。

トーストしても、そのままでも美味しく、買った次の日でも美味しく食べられると評判が高い。

前日に中種を作り、翌日本捏ね。1日5回仕込む

前述のように、食パンは13種類ほど販売しているが、中種から作っているのは「ゴールド食パン」だけ。

中種に用いる粉は、「ヘルメス」。小麦の外側の、グルテンの強い部分の小麦粉だ。

前日にこの「ヘルメス」と水、インスタントドライイースト、ユーロモルトを合わせて、ディオズナのスパイラルミキサーを使って低速で4分捏ねる。捏ね上げ温度は25℃。捏ね上がったら、そのまま常温で30分ほど置いてから、2～5℃の冷蔵庫で冷蔵。冷蔵庫の低温下で10時間熟成させることで、小麦のうま味を引き出す。

本捏ねは翌日。本捏ねには、熟成させた中種と「ベストン」を合わせる。この粉は小麦の内側の粉で、「ヘルメス」よりグルテンが強くないのが特徴。「ヘルメス」と組み合わせることで、もっちりとしていて噛み応えのある独自の食感が生み出される。

バター以外の材料をスパイラルミキサーに入れ、低速で5分回し、続いて2速で30秒回す。バターを入れたら、低速に戻して5分、続いて2速で30秒捏ねてミキシングは終了。捏ね上げ温度は26℃。

ミキサーから取り出した生地は、フロアタイムとして45分置く。中種を使用するパンなので、45分と短い。パンチもしない。

フロアタイム後に分割。1玉２００gにする。分割後はベンチタイムを30分取ってから、モルダーに通す。

モルダーは2回通して俵型にする。2回通すことでキメが細かくなり、食べた時にしっかりとした弾力が出るからだ。

俵型に成形したら、型に入れる。ホイロに60分入れたら、焼成。上火・下火ともに２３０℃の窯で30～35分焼き上げる。

テレビの人気ランキングで1位の食パンに選ばれてから、いっそう「ゴールド食パン」の売れ行きが良くなった。このパンの人気に引っ張られる形で、他の食パンの人気も上昇している。

角食

フランス菓子・フランスパン ビゴの店

オーナー ビゴ・ジャンポール 太郎

角食は、一番ベーシックな食パン。店内売りのサンドイッチにも使用するパンだ。毎日食べても飽きない美味しさに加え、安心して食べられるよう無添加で作る。フランスパン用粉を50%配合し、噛み応えある味わいに仕上げる。

創業時から人気。しっかりとした噛み応えで、キメの細かいパン

1本900円(税別)

角食

【配合】

リスドォル（日清製粉㈱）…50%
スーパーキング（日清製粉㈱）…50%
生イースト…0.7%
インスタントドライイースト…0.7%
塩…2%
砂糖…4%
脱脂粉乳…5%
無塩バター…6%
牛乳…20%
水…54%

【工程】

▶ミキシング
低速4分　2速4〜5分
↓（無塩バター）
低速2〜3分
捏ね上げ温度24℃

▶1次発酵
45分　軽めのパンチ　45分

▶分割
1玉540g

▶ベンチタイム
30分

▶成形
棒状にのばし、2本を編んで1本にし、2斤半型に入れる

▶最終発酵
温度28℃・湿度60〜70%
40〜50分

▶焼成
蓋をして、上火200℃・下火200℃
45分

【機器】
- ミキサー…スパイラル型
- オーブン…ガスオーブン

毎日食べるパンとして、安心感と美味しさを提供

『ビゴの店』は、フランスパンの美味しさを日本中に広めた店、と言って過言ではない店だ。

その『ビゴの店』でも、角食は創業時から提供している「毎日楽しんでもらうパン」の代表格。創業時よりイーストフードや保存料などは使わずに作り続けているのも、信頼となっている。

小麦粉は「スーパーキング」とフランスパン専用粉の「リスドォル」を配合。強力粉の割合が多くなるほど、引きが強い、がっちりした食感の食パンになる。それを和らげるために「リスドォル」を配合している。角食では「スーパーキング」50%に「リスドォル」50%の割合で合わせて作っている。

牛乳を加えるのは風味と味わいを良くするためだが、牛乳だけだと発酵の妨げになるので脱脂粉乳を加える。発酵力と風味のバランスを考えて牛乳20%と脱脂粉乳5%という割合を決めている。

食パンは毎日食べるものだけに、コストの面でも買いやすい値段で売りたい。脱脂粉乳を少し使うことで、こうした売値コントロールにもなる。

ミキサーはスパイラルで、バター以外の材料を合わせて低速で4分。続いて2速で4〜5分。バターを入れて低速で2〜3分でフロアタイムに。

45分置いて、軽めのパンチを1回。パンチ後45分置く。

分割は1玉540g。ベンチタイムを30分置いて、型に2玉分入れてホイロで最終発酵。

ホイロは28℃、湿度75%で夏場で40〜50分。冬場で60分。

ホイロ後、蓋をして上火200℃、下火200℃のオーブンで45分焼成する。

もちっとした食感で、生地がしっかりと噛み応えがあり、そのままでも美味しいし、トーストすると中がふんわりと焼き上がってまた別の美味しさが楽しめるのが特徴の食パンだ。

窯入れする時の発酵具合を見極めるのが、職人技

食パンの魅力は、もちっとした食感にある。蓋をして焼成するので、水分が飛ぶのが抑えられ、山型パンとは違う、噛み応えのあるパンに仕上がる。

そうした「もちっ」とした食感を出すために、蓋をしてオーブンに入れるときの生地の発酵具合には気をつけている。

発酵が少し不十分だと蓋をした型の中では重たい感じに焼き上がってしまう。発酵が少し過ぎると、蓋をした型の中で膨らみすぎて生地がぱさつく感じに焼き上がってしまう。

オーブンに入れる前、蓋をする前の生地の発酵具合を見るのは経験が大切になる。型の中でどのくらい生地が膨らんだらいいという見た目だけでなく、分割・成形するときの生地の感触でホイロの時間、焼成の時間を調整しながら作っている。

『ビゴの店』では、パンを販売するだけでなく、パンの楽しみ方・食べ方の提案も積極的に進めている。サンドイッチは人気商品で、食パンの楽しみ方の提案にもなっている。たとえば、オイルサーディンとタルタルソースを合わせて角食で挟んだサンドイッチ。また、ビネグレッドソースで下味を付けたアスパラとアボカドとタルタルソースを角食で挟んだサンドイッチ。おしゃれで真似したくなるような角食を使ったサンドイッチを店でも販売している。その他、カフェのスタイルでパンと料理を提供する店を出し、パン店を常にリードする存在だ。

紅麹食パン

富士山の溶岩窯の店 seasonfactory パンの実
店主 諏訪原 浩

健康をテーマに、かつ美味しく、安全・安心なパンへの追求を欠かさない『パンの実』。体に良い影響を促すと言われる紅麹の粉末を練り込んだ赤い食パンは、健康志向が高いお客に好評で、遠方から買いに来るファンも集める。

紅麹の味や香りを優しく感じる。
見た目も美しい、「赤い」食パン

1斤330円 1本660円（税込）

紅麹食パン

【配合】

- 春よ恋(㈱増田製粉所)…50%
- キタノカオリ(江別製粉㈱)…20%
- ハルユタカ(江別製粉㈱)…30%
- ドライイースト…0.6%
- 塩(沖縄産「シママース」)…1.8%
- 洗双糖…6.2%
- 脱脂粉乳…4%
- 卵白(アルギットヨード卵)…3%
- ビタミンC…0.1%
- 紅麹粉末…3%
- 無塩バター…2.8%
- 牛乳…65〜68%

【工程】

▶ミキシング

低速2分
↓(ドライイースト)
中速6分
↓(無塩バター)
低速4分
↓(塩)
中速3〜5分
捏ね上げ温度25℃

▶1次発酵

室温で40分　パンチ

▶ベンチタイム

15分

▶分割・丸め

200g

▶成形

手で丸め直し、2斤型に4玉入れる

▶最終発酵

温度29℃・湿度75%　2時間20分

▶焼成

蓋をして、上火185℃・下火210℃で23分

【機器】

- ミキサー…関東混合機工業㈱　縦型ミキサー
- オーブン…㈱櫛澤電機製作所　溶岩窯

紅麹の風味を活かすため厳選した素材で作るパン

『パンの実』店主の諏訪原さんは食材へのこだわりは強く、その大きなテーマとするのが健康と安全。ただ、美味しくなければ意味がないと、味の面での妥協もしない。両方が揃ってこそ、良いパンが成り立つと捉えている。

食材は、産地が特定できる国産や有機食材をなるべく使用し、同時に「一回の摂取では微量かもしれないが1年後、5年後と積み重ねを考えたときに、少しでもミネラル分などを摂れるように」と、精製されていない製品をできる限り選択している。

「紅麹食パン」は、コレステロールの抑制、がん予防、血流を良くするなど、美容と健康に良いとされる紅麹の粉末を練り込んだもの。赤い色味もインパクトがある、オリジナリティの高い一品だ。

配合では、紅麹の味と香りを消さないという点を重視した。小麦粉は、北海道産の3種類の粉。小麦の甘みが強い「春よ恋」をメインに、「ハルユタカ」、香りの強い「キタノカオリ」をブレンド。諏訪原さんは、小麦に限らず、このように材料をブレンドする意味を以下3点挙げる。

一つは、品質のブレをカバーするため。二つ目は、味に深みを増し、単品で使用する場合の1.5倍ほどの力を発揮させるため。三つ目は、自店しかない味わいを生み出す独自性のため。ここではあくまでも紅麹を活かすことを前提とし、小麦の個性が突出しないようなバランスでブレンドした。

北海道産の小麦粉に合わせ、バターも北海道産を使用。塩も本当は宗谷岬の塩を取り入れたかったというが、ナトリウムの含有量が高すぎたため、沖縄産の「シママース」を選択。砂糖は、精製されていない砂糖の中でもクセが少ない洗双糖を合わせ、紅麹の風味を活かすことを念頭に置いている。

ただし、紅麹は少しエグ味があるので、これを消すために、水の代わりに牛乳を使用。また、麹を入れると生地が粗くなってしまうので、卵白を加えてなめらかさを出した。この卵白は、卵アレルギーの人も食べられる卵とされる「アルギットヨード卵」だという。

ミキシングはゆるめにし紅麹と、粉の風味を保つ

「紅麹食パン」を作る上でのポイントは、水分量をやや低めに設定することと、捏ねすぎないという2点。前者は、水分が入りすぎると生地の膨らみが弱くなったり、発酵が遅くなるという理由から。後者は、ミキシングしすぎると紅麹や小麦の風味が飛んでしまうことから。

ミキシングでは、イーストが水けに直接触れると力が弱くなるので、油脂と塩以外の材料を合わせた後に加える。塩もイーストの働きを抑制する作用があるので、ある程度生地がまとまった段階で加えていく。

店名の通り、溶岩窯は同店のパンの美味しさに高い効果を及ぼす機器。遠赤外線効果で焼成時間を短縮できる利点があり、いかに水分を多く取り入れるかをパンの美味しさの追求の一つに掲げる諏訪原さんにとって、最適な窯なのだ。また型の剥離剤には、抗酸化作用の高い米油を使用している。

赤い色味が一つの魅力でもある「紅麹食パン」は、この色を上手にアピールするため、上面に焼き色が付いてしまう山型は避け、角食パンにした。上部が平らなので、より赤味を効果的に見せることができる。販売も週一回と、限定販売することで、「特別なパン」という印象を作り出している。

ムッシュブレッド

ARTISAN BOULANGER MONSIEUR IVAN《アルチザン ブーランジェ ムッシュイワン》 日野店

代表取締役 小倉孝樹

耳はサクッと、生地はモチモチした食パンを作り上げるために、湯種法を選択。トーストすると、より一層もっちりとした食感が出る。湯種を使うが、パンチをせずに成形を２段階に分けて行って、生地をベストな状態に仕上げる。

もちもちとしてコシのある内層、
軽い耳を実現するため、湯種を

1斤330円 1本990円（税別）

ムッシュブレッド

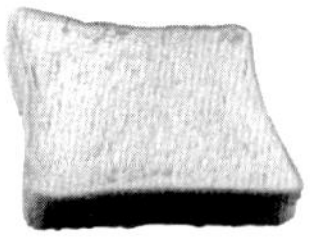

【配合】

●湯種
- ゴールデンヨット（日本製粉㈱）…20%
- 塩（シママース）…1.9%
- お湯…27%

●本捏ね
- スリーグッド（日東富士製粉㈱）…60%
- ゴールデンヨット（日本製粉㈱）…20%
- 生イースト…2.8%
- 蜂蜜…8%
- 脱脂粉乳…5%
- 無塩バター…6%
- 水…43%

【工程】

湯種

▶ミキシング

小麦粉と塩を合わせたものに、60～65℃の湯を加え、しっかりと捏ねる

▶冷蔵発酵

粗熱が取れたら、7℃の低温冷蔵庫に移して半日置く

本捏ね

▶ミキシング

低速4分　中速4分
↓（無塩バター）
低速4分　中速5～6分
捏ね上げ温度27℃

▶一次発酵

温度30℃・湿度75%　120分

▶分割・丸め

200g

▶ベンチタイム

30分

▶成形

棒状に丸める

▶ベンチタイム

30分

▶成形

ロール状に丸め、3斤型に6玉入れる

▶最終発酵

温度30℃・湿度75%　70分

▶焼成

蓋をして、上火210～230℃・下火280℃で40分

【機器】
- ミキサー…㈱ツジ・キカイ　ダブルアームミキサー
- オーブン…㈱ツジ・キカイ　コンベンクションオーブンBX-5、デッキオーブンを併用

ARTISAN BOULANGER MONSIEUR IVAN《アルチザン　ブーランジェ　ムッシュイワン》 日野店

もちもち感を出すため、湯種は温度の管理を重視

生地はモチモチして、耳はサクッと軽い「ムッシュブレッド」は、湯種法を用いて作る食パン。

湯種には「ゴールデンヨット」を使用。塩は本捏ねではなく、この段階で投入する。なぜなら、塩には殺菌効果があり、仕込んでから半日置くことで種の劣化を防いでくれるからだ。

粉と塩を合わせたものに、60〜65℃の湯を加えてα化させ、しっかりと捏ね上げる。ここで中途半端に温度を下げてしまうと、もちもちした食感が出ず、失敗の原因になる。

粗熱が取れたら、7℃の低温冷蔵庫に移して半日置く。これを湯種として、翌日、本捏ねに用いる。

本捏ねで使用する粉は、湯種に用いた「ゴールデンヨット」をメインに、「スリーグッド」を加える。粉のブレンドのポイントは、異なる製粉会社の粉を合わせる点、と小倉孝樹シェフは言う。よりオリジナリティに富んだ味わいが生まれ、差別化できるからだ。

風味をプラスするために入れるのが蜂蜜。その風味を最大限に引き立たせるため、卵などは入れない。バターは無塩を使っているが、有塩バターを使うなら、湯種に入れる塩の量を加減すれば良い。

牛乳の代わりに脱脂粉乳を使うのは、作業性が良いこと、それに四季を通じて温度変化に左右されないからだ。

一次発酵は必ずホイロ。生地が切れないよう注意

無塩バター以外の材料をミキサーボールに入れて、ミキシングを開始する。途中、バターを加えてミキシングが終わったら、ホイロで一次発酵を取る。その重要性について小倉シェフは、「パンは一次発酵で決まる」と考えている。

温度と湿度、時間がきちんと管理されたホイロで一次発酵を取らなければ、できあがりの味も香りも変わってくる上、以後の工程での作業性も悪くなる。特に冬場ともなると、生地が締まり過ぎてしまい未成熟なパンができあがってしまう。きちんと発酵が取れているかどうかは、フィンガーテストで判断している。

一次発酵以降の工程も特徴的だ。分割して生地を丸めたら、30分ベンチタイムを取り、生地がゆるんだところで棒状に成形する。生地に必要以上のコシが出てしまうので、モルダーは使わない。

さらに30分置いて生地がゆるんだら、今度は麺棒を使ってロール状に丸め、型に入れる。ロール状に丸めることで、ガスが抜けて目の詰まった生地ができ上がる。

この段階を踏んだ成形作業により、生地が締りすぎたり、切れてしまったりすることがほとんど無くなるという。最終発酵を取って焼成を行うが、ここでは上火以上に下火を高めに、側面までじっくりと焼き込む。

「ムッシュブレッド」の生地は締まりやすく、それが気になるようなら、ややタンパク量の低い粉を使ってみるのも一つの手法だ、と小倉シェフは語る。とはいえ、湯種を使用している分、あまりにタンパク量の低い粉を使ってしまうと生地に負担をかけてしまうので、そこは調整が必要だ。

製造工程の主なポイントをまとめると、湯種を仕込む際は設定した生地温度（60〜65℃）を保つこと、そして、ベンチタイムを長めに取ること。絶対に生地を切らないことだ。生地が切れてしまうと窯伸びが悪くなり、クラストが厚くなってしまうからだ。それを防ぐため、小倉シェフは全ての工程を手作業で行っている。

マスカルポーネ入り湯種食パン

シャルムベーカリー・ポンシェ

オーナーシェフ 内藤昌弘

同店オーナーシェフ内藤昌弘さんが、ある高級食パン店のプロデュースに際し開発した一品。低温長時間発酵させるという手間をかけた湯種を用い、さらにバターの代わりにマスカルポーネを使って独自の味わいを表現した。

もっちりとした食感と、濃厚な味、
爽やかな甘い香りの高級食パン！

マスカルポーネ入り湯種食パン

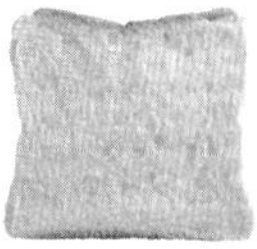

【配合】

●湯種

パンセ（奥本製粉㈱）…20%

ビートグラニュー糖…2%

天塩…2%

熱湯…20%

●本捏ね

パンセ（奥本製粉㈱）…80%

生イースト…2.8%

ビートグラニュー糖…10%

蜂蜜…3%

マスカルポーネ…10%

水…60%

【工程】

湯種

▶ミキシング

L3分　M3分

▶冷蔵発酵

5℃で16〜20時間

本捏ね

▶ミキシング

L2分　M6分

↓（マスカルポーネ）

L2分　M4分

捏ね上げ温度25℃

▶一次発酵

温度28℃・湿度75%　60分

▶分割・丸め

1玉220g

▶ベンチタイム

20分

▶成形

モルダーに2度通して、2斤型に4玉入れる

▶最終発酵

温度28℃・湿度75%　60分

▶焼成

蓋をして、上火195℃・下火205℃で45分

【機器】

- ミキサー…（湯種）縦型ミキサー、（本捏ね）スパイラルミキサー
- オーブン…㈱コトブキベーキングマシン

もちもち感への人気から パンでもその食感を作る

１９７９年の開業時から、商店のない住宅地で繁盛を続ける『シャルムベーカリー・ポンシェ』。同店の名物である13種類の食パンをはじめ、数々の人気商品を開発するオーナーシェフの内藤昌弘さんのもとにはパン店のプロデュースの依頼も多く、これまでにも数多くの新店舗の開業を行ってきた。「マスカルポーネ入り湯種食パン」も、そうした中で開発した商品の一つ。ある高級食パン店のために試作開発した食パンだ。

「もう数年前から、パンに限らず日本の食全般に、『もちもち』の食感が受けていると感じていました。パンにも、そういった食感のものがこれから求められるようになる。そうした食感のパンを作りたい、と思っていました」と内藤さんは話す。

折しも、美味しい食パンで話題の店や高級食パン専門店が登場し、話題となり始めた頃。そこで、もちもち感を個性とし、同時にそうした店との差別化も図るために作ったのが、「マスカルポーネ入り湯種食パン」だった。

55℃でしっかりα化した 湯種を長期熟成して使用

もちもち感を出すために内藤さんが取ったのが、湯種製法だ。

「湯種は、でんぷんをα化させ、中に水分を閉じ込めてもちもち感を出すことができる。それに湯種法は日本独自のもので、日本人好みのしっとり感も出せます」と内藤さん。

小麦粉は、湯種に強い製粉会社の製品から、特に湯種に向く「パンセ」を採用することにした。

ミキサーボールに粉と砂糖、塩を入れ、熱湯を加えてミキシング。捏ね上げ温度は55℃で、しっかりとα化させたら、5℃の冷蔵庫に入れ、16～20時間熟成させて甘みを引き出す。

ちなみに、湯種のミキシングでは本捏ね時とは異なる縦型ミキサーを使用する。これは、温度の上がらない冬場も55℃で粉のα化を完全に行うために、ミキサーボールの下から熱を加えることができるようにとの配慮から。

バターに代わる素材で、 チーズを採用し独自性を

本捏ねでは、スパイラルミキサーで残りの粉と、生イースト、砂糖（ビートグラニュー糖）、蜂蜜をミキシング。ビートグラニュー糖を使うのは、自然な甘みと天然素材のイメージ、それに焼き上がりに色を付けたくなかったから。グルテンができたら、バターの代わりにマスカルポーネチーズを加える。

「元々は、バター不足の時に、それに代わる素材としてマスカルポーネに注目しました。使ってみると意外に香りが強く、粉の風味が負けてしまうので、製品選びと配合には苦労しました」と内藤さん。現在の配合ではチーズと言うよりは濃い生クリームのような風味で、後味に発酵由来の爽やかな甘い香りがするという。

湯種を入れたことで生地が弱くなるので、グルテンを強化するためにミキシングは計14分とやや長め。捏ね上げ温度は25℃と低めで、一次発酵を60分取った。

分割し、ベンチタイムを取ったら、モルダーは優し目で2回通し、最終発酵。上火１９５℃・下火２０５℃で焼き上げる。柔らかな印象を出すため、色は浅めだ。

焼き上がりは、前述の通り爽やかな甘い香りで、翌日ももちもち。そのままも美味しいが、厚切りにしてトーストすると、濃厚で噛みしめると甘みが出てくるという。

角食ホワイト
角食ブラウン

BOULANGERIE MAISON MURATA《ブランジェリー メゾン・ムラタ》

オーナーブーランジェ 村田圭吾

汎用性があり、日持ちも機械耐性も良い生地で、さっくりと食べられる食パンを出したいと考えたのがきっかけ。独自の湯種法で作る生地を使い、お客の好みに合わせてサイズと焼き方を変えた２種類の「角食」を出している。

同じ生地で、型と焼き方を変えた２種。
甘みと食感のために、独自の湯種を使用

角食ホワイト1斤290円 角食ブラウン1斤290円 1本570円(税込)

角食ホワイト　角食ブラウン

【配合】

●湯種
クラブ（日本製粉㈱）…5%
餅粉…5%
お湯…15%

●本捏ね
KISA（小田象製粉㈱）…90%
塩…2%
砂糖…6.2%
FD-1…2%
PDL…4%
水…60%
加糖卵黄…4%
バター…7%

【工程】

湯種

前日に材料を合わせて水和させ、ボールに移して100〜110℃のオーブンで90分、混ぜて平たいバットに移し、100〜110℃のオーブンで90分加熱。

本捏ね

▶ミキシング
1速2分　2速4分　生地の様子を見てさらに2速4分
↓（加糖卵黄、バター）
1速2分　2速2分
捏ね上げ温度26.5〜27℃

▶一次発酵
60〜70分　パンチ　30分

▶分割・丸め
ホワイト190g
ブラウン260g

▶成形
モルダーに1回通し、綴じ目を下にしてU字型に折り、ホワイトは1斤型に2玉、ブラウンは2斤型に3玉

▶最終発酵
温度36℃・湿度80〜85%で60分
（冷蔵法だと70〜80分）

▶焼成
上火210℃・下火205℃がベースホワイトはダンバーを閉めたまま32〜35分ブラウンはダンパーを閉めて42分、ダンパーを開けて10分

【機器】
- ミキサー…関東混合機工業㈱
  スパイラルミキサー
- オーブン…㈱ベーカーズプロダクション　平窯

日持ちも機械耐性も良い さっくりした食感のパン

兵庫・神戸和田岬の人気店『メゾン・ムラタ』では、同じ生地でサイズと焼き方を変えた2種類の食パンを出している。「角食ホワイト」「角食ブラウン」だ。

「私の店では地域の幅広い年齢層のお客様に利用していただきたいとパンを作っています。古い商店街で年配の方も多く、ブリオッシュ生地は売りにくい。そのため、食パンにも使え、カレーパン以外の総菜パンにもなる生地として、日持ちも機械耐性も良い、さらにさっくりと食べられる生地を作りたかった。それがこのパンを考えたきっかけでした」とオーナーブーランジェの村田圭吾さん。

村田さんは個人的には、食パンは耳が柔らかい方が好きなので、最初に「角食ホワイト」を作った。しかし、耳はしっかりした方が好きなお客もいる。そのために、よりしっかり焼き込んだ食パンが「角食ブラウン」だ。

「下町に密着した店だから、食パンは毎日食べられるパンにしたい。だから〝もっちりでリッチ〟にはしたくなかった」と村田さん。さっくりとしたパンに仕上げるために村田さんが採用したのが、湯種だった。その湯種に対する考え方が、非常に特徴的だ。

甘みを作る酵素を重視。 熱湯不使用の〝湯種〟を

村田さんは、「角食」作りで湯種は用いるが、実は熱湯で練らない。前日に材料を合わせて水和させ、それから火を入れる。

「湯種には2種類あります。一つは熱湯ででんぷんをα化させる。これはもちもちさせるのが目的。もう一つは、湯で捏ねてゆっくりα化させ、冷蔵する場合。これは湯種のα化したでんぷんに酵素を働かせ、甘みを出すのが目的です」と村田さん。

村田さんは湯種の酵素を重視し、保水性と甘みを持たせる。だから酵素を殺してしまう熱湯は使わない。水和させるのは、冬場でも40℃ほどの湯。夏場は常温の水道水。加熱は2回に分けて行い、冷めたものを本捏ねに使う。パンにさっくり感を出したいので、湯種の粉には薄力粉を使う。

本捏ねに使う材料は、小麦は、「KISA（キサ）」。微粉砕小麦で吸水性が高く、作業性が良いうえ、日持ちも良く冷凍・冷蔵耐性にも優れている。発酵酵母は、オリエンタル酵母のFD-1。冷凍耐性も冷蔵耐性も良い。脱脂粉乳の代わりはに「ミルック／００」。塩、砂糖はオーガニックを使用する。

ミキシングでは、グルテンができるまで回したら、加糖卵黄とバターを加えて再度回す。卵黄は油分を含んでいてグルテン形成を阻害しやすいので、バターと一緒に入れる。

生地は通常朝一番で仕込み、朝一番で焼く分と昼に焼く分に分けており、昼に焼く分は一次発酵を終えたら冷蔵庫で発酵を止める。また定休日が入る時は、定休日前日に生地を仕込み、一次発酵まで取ったら冷蔵庫で発酵を止め、翌々日朝一番で焼成する。

焼成時の型は、ホワイトは1斤スクエア型。ブラウンは2斤スクエア型。1斤型は、皮を薄く焼きたいが骨格をしっかりさせたいため、村田さん自身が蓋に蒸気の抜ける穴を開けたものを使う。

「中に入れる生地は、発酵に余裕を持たせる量を入れて、オーブントースターに入れて2〜3分で黄金色に色付く食パンにしています」と村田さん。「ホワイト」はサンドイッチにも使っているので、焼く量としては「ホワイト」の方が多いという。

アカリブレッド

アカリベーカリー

オーナーブーランジェ **高山 顕**

地元の人達が、毎日食べることを目指して作った人気の食パン。広い世代に好まれ、飽きが来ないようにと、もちもちの食感を出すために湯種法を選択。それによるつながりの悪さをカバーするため、様々な工夫を凝らしている。

もちもちキメ細かな食感を目指し、湯種法で、粉選びと成形に工夫を

1斤330円（税込）

アカリブレッド

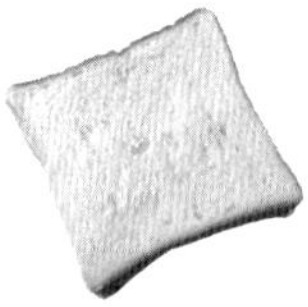

【配合】

●湯種
- ゴールデンヨット(日本製粉㈱)…20%
- 熱湯…28%
- 塩…1.8%

●本捏ね
- ゴールデンヨット(日本製粉㈱)…60%
- スリーグット(日東富士製粉㈱)…20%
- 生イースト…1.8%
- 甜菜糖…6%
- スキムミルク…5%
- 無塩バター…3%
- ラード…3%
- 発酵種(フランスパン生地)…10%
- 水…48%

【工程】

湯種

▶ミキシング

L5分

本捏ね

▶ミキシング

L6分
↓(無塩バター、ラード)
L2分　ML3分　MH3分　ML6分
捏ね上げ温度26℃

▶一次発酵

温度30℃・湿度85%　120分

▶分割

240g(比容積3.8)

▶成形

最初は手で、2回目は麺棒でロール状にして、3斤型に6玉

▶最終発酵

温度32℃・湿度85%で55〜65分

▶焼成

蓋をして、上火230℃・下火240℃
40分

【機器】
- ミキサー…㈱愛工舎製作所　縦型ミキサー
- オーブン…キュウーハン㈱　ガスオーブン

子供〜大人まで好まれる飽きの来ない味を目指す

東京・国立の『アカリベーカリー』は、オーナーブーランジェの高山　顕さんがパン作りをしている様子が、店内からガラス窓を通して厨房が見える。売り場の接客は、奥様とスタッフが行いアットホームな雰囲気で、周囲の人たちから人気を集めている店だ。

　高山さんは、独立した時から、食パンを店の主力商品として売っていこうと思っていた。だから開業時に試食用として食パンを多く焼き、お客に食べてもらい、店の味を覚えてもらったという。

「食パンは、和食でいうとご飯と同じ感覚。自分の店は地域密着型のパン店として、周囲の人に当たり前のように毎日足を運んでもらいたい。だから、毎日食べるパンを焼こうと思っていました。特に食パンは、毎朝食べるパンですから、力を入れました」と語る高山さん。〝1枚で美味しい〟と感じる味よりも、〝気がついたら2枚、3枚と食べていた〟というような味にしたかったという。

　店名を冠した角食の「アカリブレッド」は、湯種を使ったもちもちきめ細やかな食感が特徴で、水分量が多く保湿感のある焼き上がりが特徴のパンだ。

「子供から大人まで好んでもらえる食パン。飽きの来ない味で、そのままでも美味しく、バターやジャムと合わせても美味しい食パンを目指しました」と高山さん。

湯種法で作るため、粉を冷やして、成形を2回に

粉は、ベースにしたのが最強力粉の「ゴールデンヨット」。パンの骨格を作る粉にするとともに、湯種にする際に適しているから。それに加えて、「スリーグッド」を20％配合。これは香りを足したいと感じてブレンドしている。

「『アカリブレッド』は最も多く試作したパン。色々な製法で試作した結果、湯種法のパンが自分には一番美味しかった」と高山さん。湯種の割合についても試作を重ね、最終的に20％に落ち着いた。

　ただ、湯種を使うと生地のつながりが悪い。そのため、ミキシング時間を20分と長めに取った。またそれもあって、骨格を作りやすいベースの粉を最強力粉の「ゴールデンヨット」にした。長時間のミキシングでも捏ね上げ温度が上がらないよう、粉は真冬以外は冷凍保存したものを使う。

「副材料は、小麦の香りが感じられるよう割合には気を付けました」と高山さん。砂糖はコクのある甜菜糖を使用。バターとラードを半量ずつ配合して、ほのかなミルク感とうま味を持たせた。そして、味と発酵力を補うため発酵種を加えている。

　こうした材料で作った生地は、成形を2回に分けて行う。

「湯種だと、内層が荒れてしまうことが多かったで、粉の冷凍とあわせて、2段階で成形することで改善しました」という高山さん。切れやすい生地を使いながらも、しっかりとガスを抜きたかったために2回の成形を行っていて、1回目は手で棒状にしてガス抜きをし、その生地を2回目では麺棒を用いてガスを抜き、ロール状にするというやり方だ。この後、最終発酵を経て、保湿性のあるガスオーブンで焼成する。

　オープン当初は食パンの焼成は1日1回だったが、開業4年目には1日2回に。週末には3回焼くほど人気を集めている。なお、同店では作業に集中するため、営業時間中に中休みを取っている。それに合わせて食パンを焼き、スライスしてお客を待てるようにしている。

食パン

Pain de Nanosh《パンドナノッシュ》

代表取締役 関谷勝美

もっちり、しっとりした食感で、幅広い客層から支持を得ている『パン・ド・ナノッシュ』の「食パン」は、数種類を並べる食パンの中でも一番の人気商品。パンの需要が増す冬場には、1日70本を売る人気商品だ。

小麦の甘さと、もちもち感が魅力。
1日70本も出る人気No1商品！

1斤260円 1本780円（税別）

食パン

【配合】

ブルチァーレ(昭和産業㈱)…100%
インスタントドライイースト…0.6%
セミドライイースト…0.4%
塩(天塩)…2.1%
グラニュー糖…4%
脱脂粉乳…2%
ショートニング…5%
水…63%
自然発酵種※…10%
水…54%

※自然発酵種
前日の種100%に対し、「ジョワデサンク」200%、水250%、モルト0.2%を加えて、30℃で4時間発酵させたもの。発酵器で温度管理している。(元種はライ麦に水を加えて培養したもの)

【工程】

▶下準備

小麦粉、砂糖、塩を合わせて30秒ミキシングする。インスタントドライイーストは冷水となじませる

▶ミキシング

低速2分　中速5分
↓(ショートニング)
中高速1分　中速5分
捏ね上げ温度27℃

▶一次発酵

室温で80分

▶分割・丸め

210g

▶ベンチタイム

30分

▶成形

モルダーに2回通し、3斤型に6玉、端から詰める

▶最終発酵

温度32℃・湿度75%　50分

▶焼成

蓋をして、上火250℃・下火230℃で25分

【機器】
- ミキサー　㈱愛工舎製作所　縦型ミキサー
- オーブン…㈱櫛澤電機製作所　溶岩窯

食パンらしさを際立たせ しっとりもちもち感を！

『パン・ド・ナノッシュ』の「食パン」は、もっちりした食感、しっとりした口触りのパン。

「食パンは毎日食べるパンだから、飽きの来ない味にしたい。ベーカリーでしか買えない品質で、わざわざ買いに来ていただける味わいを目指しています」とオーナーシェフの関谷さんは語る、力を入れる商品でもある。同店ではフレッシュな味わいを楽しんでほしいと、この「食パン」を1枚からでも販売する。

まず、この「食パン」のポイントとなるのが、自然発酵種。発酵種は、前日の種に「ジョワデサンク」と水、モルトを合わせ、30℃の発酵器で4時間発酵させて作る。これを加えることでもちもち感がアップし、イーストの働きも助けることができる。さらには生地のpH値が3～3.5になって、カビが生えにくく、日持ちも良くなる利点がある。

同店が目指す「ベーカリー品質で飽きの来ない味わい」とは、砂糖などの副材料で甘さを出さず、小麦の味を前面に出した味わい。

「最初に使っていた粉が終売となったので、国産小麦を使いましたが、粉の品質が安定しない。それで色々な粉を探していて、最初の粉と良く似た特徴の粉を見つけました。それが『ブルチアーレ』でした」と関谷さん。

「ブルチアーレ」は灰分が0.39%と少し高めの粉。窯伸びも良いし、味わいもある。粉の風味を重視する関谷さんは、その点を気に入り使い始めた。

他には、塩は辛みが少ない「天塩」、砂糖は小麦粉自体に甘みがあるので、甘みがきつ過ぎないグラニュー糖を使用。また、砂糖の分量は抑え、代わりに蜂蜜でしっとり感を出し、香りや色付きが良くなる効果を狙う。そして、飽きが来ないよう油脂にはあえてショートニングを選択した。

もちもち感とキメ細かさを出すための、工程作業

工程中も重点を置くのはもちもち感を出す点と、キメ細やかな生地を作ること。ミキシングは、もちもち感を出すため、生地を締め過ぎないように比較的短時間で行う。また、捏ね上げ温度が27℃より高くなると生地の目が粗くなるので、温度には注意を払う。捏ね上げた後は、衝撃を極小に抑え、ミキシングで疲れた生地を80分ゆっくり寝かせる。

分割後はベンチタイムを30分取り、生地を押した時に芯がなくなったところで成形に入る。ここで関谷さんが重視するのが、歯切れと品質の安定だ。

「その時ミキシング量によって生地の状態は違いますし、職人の手が入る分割・丸めの作業は、扱うスタッフによって品質に大きな差が出やすい。いくら配合を守り作業しても、丸めの作業一つで完成したパンの味わいに差が出る。それは毎日食べる食パンでは、極力避けたい」と関谷さん。食パンの丸めでは、生地の状態を見ながら、「できるだけゆるく」と、生地を張らして力を付けないよう指導し、安定した品質を目指す。

成形はモルダーに2回通す。モルダーを使うことで目が詰まり、キメ細かなきれいな生地に仕上げられるのだ。

最終発酵は50分を目安に行い、窯伸びした時にちょうど蓋まで膨らんで美しいホワイトラインが出る、型の上部に指2本当てた位置まで上がった状態を目で見て判断。高温で35分と短時間で焼成し、水分を飛ばさずにしっとりと焼き上げて完成させる。

角食パン

pointage《ポワンタージュ》

オーナーブーランジェ 中川清明

シンプルな材料と製法ながら、強力パン用粉「ベルムーラン」を味づくりの核とし、生クリームや発酵バター、セミドライイーストを使って、ワンランク上の味を目指した。7種類ある食パンの中でも、人気の商品となっている。

ほんのり甘くて、粉のうま味も
楽しめる、シンプル工程の食パン

1斤330円（税込）

角食パン

【配合】

ベルムーラン
(丸信製粉(株))…100%
生イースト…2.5%
塩…2%
上白糖…6%
全卵…5%
発酵バター…10%
生クリーム…3%
水…65〜68%

【工程】

▶ミキシング

1速2分　2速6分
↓(発酵バター)
2速5〜6分
捏ね上げ温度26〜28℃

▶1次発酵

温度30℃・湿度85%　60分

▶フロアタイム

パンチ後、30分

▶分割・丸め

220g

▶ベンチタイム

丸め後、20分

▶成形

麺棒で平らにしたものを巻き、U字型に折って、3斤型に6玉入れる

▶ホイロ

温度30℃・湿度85%　40〜45分

▶焼成

蓋をして、上火200℃・下火210℃
40分

【機器】
- ミキサー…㈱愛工舎製作所　縦型ミキサー　スパイラルフックを使用
- オーブン…ミベ社　平窯

小麦の特徴が活きるよう配合も工程もシンプルに

『ポワンタージュ』の「角食パン」は、自店で出している、イギリス山食パンの「パンドミ」と差別化することを念頭に開発した商品。フランスパン用粉を用い、ストレート法で作る「パンドミ」に対して、「角食パン」は同じストレート法ながら、「パンドミ」ほど発酵時間は取らずに作り上げる。

「角食パン」は、とりわけ複雑な工程も無ければ、材料として加えるものもいたってシンプル。その中で、プレーンなものではなく、生クリームや発酵バターを使ったリッチな味わいを追求した。

「角食パン」の味づくりに欠かせないのが、丸信製粉の強力パン用小麦粉「ベルムーラン」。良質の小麦を原料とし、味と香りが良いのはもちろん、窯伸びも良く、ボリュームあるパンが焼けるということで導入した。老化が遅く、3日経ってもパサつかない。麩質が強いにもかかわらず、しっとりとしたパンが焼けるのも特徴。さらには作業性に優れ、安定した製造が可能だという。「角食パン」では、この小麦粉を単体で使用。それだけに「ベルムーラン」のうま味を存分に味わえるパンといえる。

バターの風味を逃さないミキシング加減を大切に

「角食パン」を作る上で最も重要と考えているのは、ミキシング時のバターを入れるタイミングと、バターを入れた後のミキシング具合の2点だ。これらは発酵バターの風味に大きく影響してくるからだ。

まずは、ミキサーボールにバター以外の材料を入れ、1速で2分、2速で6分回す。この作業での第一のポイントは、ここでしっかりと生地が混ざり合っているのを確認してから発酵バターを投入すること。その後は2速で5～6分回す。

第二のポイントであるミキシング具合とは、生地を練りすぎないようにすること。発酵バターを入れるタイミングもミキシング具合も、判断を誤るとバターの風味を逃してしまう。

「ミキサーの特性を知り、それに合わせてミキシングを調整することが必要です」という中川清明シェフ。同店では、短時間で混ざりやすい、フックがスパイラル形状になった縦型ミキサーを使用している。

ミキシングの後は、ホイロで取る一次発酵。生地をより安定させるためには、室内で常温発酵を取るよりもホイロを使った方が良いという考え方だ。温度は30℃、湿度は85%に設定し、約1時間かけで生地を発酵させる。

一次発酵後はパンチをして、30分ほど生地を寝かせる。1玉220gに分割して丸めた後、さらに20分ほど生地を寝かせてから成形。3斤型に6玉入れたものをホイロに移して、最終発酵を取る。最終発酵は一次発酵と同じ設定で45分。

焼成は、上火200℃・下火210℃で約40分。同店ではドイツのミベ社製の電気加熱式オーブンを使用している。食パンの焼成には、間口が広くて奥が浅い平窯タイプのオーブンが適していると中川シェフは言う。

こうして焼き上がった「角食パン」は、生クリームと発酵バターを使っているから味は濃厚。乳脂肪分38%のコクと、発酵バター独特の香りが個性を放つ。通常のパンに入れる糖分が3～4%のところを、この食パンには6%も加えるので、比較的甘めだ。食感はしっとりとして弾力があり、「ベルムーラン」の香りも楽しめる。

白神の幸

Loin montagne《ロワンモンターニュ》

オーナーシェフ　遠山 広

健康に関心の高い人が増える中、アレルギーの人にも安心して楽しめるようにと作った食パン。ヘルシー感の強い全粒粉は、粒子の粗い石臼挽きを使い、食感が重くならないよう、副材料、配合と工程を吟味して実現した。

GI値の低い石臼挽き全粒粉を使い
乳製品・油脂不使用の食パンに！

1斤420円（税別）

白神の幸

【配合】

ロイヤルストーン(北海道産粗挽き全粒粉・横山製粉㈱)…50%	
十勝産「ゆめちから」(前田農産食品㈱)…50%	
海洋深層水塩…2%	
花見糖…4%	
白神こだま酵母…2.6%	
老麺…15%	
酵母溶解水…2.6%	
水…69%	

※配合中の老麺は、前日の仕込み生地。1時間40分の常温発酵後に翌日の仕込み分を取り、ボックスまたはビニール袋に入れ、5℃の冷蔵庫で15時間寝かせる。

【工程】

▶ミキシング
1速3分　2速8分　3速2分
捏ね上げ温度28℃

▶つき丸め
麺台で5分ほど休ませた後、つきながら折りたたむ。

▶一次発酵
温度28℃・湿度75%　100分

▶フロアタイム
パンチ後、室温で20分

▶分割・丸め
220g

▶ベンチタイム
20分

▶成形
モルダーに1回通し、3斤型に6玉入れる。

▶最終発酵
温度32℃・湿度75%　60分

▶焼成
蓋をして、上火190℃、下火170℃
34分

【機器】
- ミキサー:関東混合工業㈱縦型ミキサ
- オーブン:㈱久電舎　電気オーブン

「ゆめちから」の力を使い白神こだま酵母で発酵！

安心安全な食材を使ったパンづくりを行うことから、アレルギーを持つ人も来店の多い『ロワンモンターニュ』。そうしたお客からの要望で作ったのが、粗挽き全粒粉の食パン「白神の幸」だ。乳製品・油脂類を使わず、それらに対してのアレルギーを持つお客も、安心して手に取れることを魅力としている。

卵・乳製品・油脂類を使わない代わりに用いたのが、白神こだま酵母だ。この酵母は保水に役立つトレハロースの生成を促し、パンにしっとり感をもたらす。

あわせて、GI値の低い全粒粉を使うことにより、食物繊維などの持つ特性を毎日食卓で摂取していただければ、との想いで作った。全粒粉でも、粗挽きを使用したのは、細挽きより風味が高いから。また粉の挽き方についても、石臼挽き粉と一般的な粉ではうま味成分が異なり、石臼挽きの方がアミノ酸量が多く、うま味は強いという製粉メーカーからの分析結果が出ている。

しかし石臼挽きの粗挽き粉では、粒子が粗くパンをふくらませることが難しい。そこで、超高タンパク小麦の「ゆめちから」をブレンドし、粗挽き粉同士の間を埋める〝充填材〟とした。さらに、ゆるやかで発酵時間の後半にパワーが強くなる発酵特性の白神こだま酵母を採用。パワーのある「ゆめちから」の膜をゆっくりとふくらませることで、粗挽き粉同士をしっかりとつなぎとめ、しかもしっとりとした老化の遅いパンに仕立てた。

なお、同店では「ゆめちから」に関しては、十勝の前田農産食品より仕入れている。同じ「ゆめちから」という品種の小麦をつくっている農家でも、それぞれで栽培の技術力や経験が異なり、肥料の種類や量、タイミングによっては製パンに向く性質の度合いに違いが出てくるからだ。

粗挽き全粒粉は、最初の3分の生地の固さに注意

「白神の幸」は、100ページの「白神生クリーム食パン」と、基本的な工程は同じだが、粗挽きの全粒粉を使っているため、注意が必要になる。全粒粉は粉の中心部に水分が到達するまでに時間がかかり、ミキシング開始から3分ほどは生地が柔らかく見えるため、吸水を控えてしまう場合がある。しかしミキシングが進み、粉の中心部までしっかりと水が届くにつれて、生地は弾力が出てまとまりが見えてくる。

そこで1速で3分、水和が始まってきたところで2速にし、8分回して充分に生地に力がついたところで3速に入れ、2分ほどミキシングし、生地に伸展性を出す。生地のコシが抜けやすいため、ツヤを見ながら微調整する。

ミキシング終了後は麺台に上げ、生地温度（28℃）を測り、5分ほどかけて生地がゆるんだら、生地のつき丸めをして生地に力を与え、一次発酵を100分間取る。発酵状態を見た上で、パンチする。

20分のフロアタイム後、1個220gに分割・丸めをし、20分のベンチタイムを取り、モルダーにて成型。3斤型に6個詰めてホイロに入れ、60分の2次発酵を取る。油脂が入っていないことから窯伸びは少ないため、蓋のできるギリギリまで発酵させる。

焼成後は、しっとりとなめらかな上、トレハロースの働きにより、老化の遅い粗挽き全粒粉のパンができ上がる。粗挽き全粒粉の持つ香りと、噛んだ時の味わいの深さ、シンプルな配合ゆえの潔い味わいが楽しめる。

ミルキーブレッド

ARTISAN BOULANGER MONSIEUR IVAN《アルチザン ブーランジェ ムッシュイワン》 日野店

代表取締役 小倉孝樹

高級食パンブームをとらえ、自店の個性を活かしたパンとして作り上げた人気パン。ほのかに香るミルクの香りと、すっきりした甘さを魅力にした。ふわっとした独自の食感を出すために多加水にし、長時間発酵で作っている。

ミルクの〝ほのかな香り〟が漂う。
多加水長時間発酵の、人気食パン

1斤290円 1本580円（税別）

ミルキーブレッド

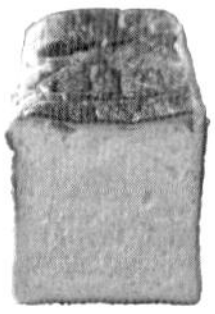

【配合】

- クラウンレジェンド（熊本製粉㈱）…60%
- ゴールデンヨット（日本製粉㈱）…40%
- シママース…1.8%
- 「サフ　ゴールド」…0.8%
- グラニュー糖…3%
- コンデンスミルク…12%
- 牛乳…10%
- 水…58%
- 有塩バター…6%

【工程】

前日仕込み

▶ミキシング

L3分　M3分
↓（有塩バター）
L3分　M8分
捏ね上げ温度24℃

▶一次発酵

60分　パンチ　-17～-20℃の冷凍庫で半日冷凍後、4℃の冷蔵庫に移し、翌朝まで置く

当日

▶分割・丸め

1玉▶g

▶ベンチタイム

室温で1時間

▶成形

手で俵型に成形し、2斤型に4玉

▶最終発酵

32℃・湿度75%　50～60分

▶焼成

上火250℃・下火250℃　25分
（デッキオーブンは28～30分）

【機器】

- ミキサー…㈱ツジ・キカイ　ダブルアームミキサー
- オーブン…㈱ツジ・キカイ　コンベクションオーブンBX-5、デッキオーブンを併用

ARTISAN BOULANGER MONSIEUR IVAN 日野店

アルチザン　ブーランジェ　ムッシュイワン

〝ほのかな〟ミルク感はコンデンスミルクで表現

『アルチザン　ブーランジェ　ムッシュイワン』の「ミルキーブレッド」は、近年、食パンが人気を集める中、自店の食パンの見直しから生まれた新商品。

「もっちりふわふわのソフト系の食パンでも、味がスマートで、誰にでも食べていただけるパンにしようと思っていました」と言う同店代表取締役の小倉孝樹さん。

近年のリッチな高級食パンに対するお客の嗜好と、自店の売れ筋や客層とを対比した結果、灰分の多い小麦粉を使った、粉の香りのする、甘みのある食パンが好まれるのではないかと考えた。

「乳製品の香りはあるが、あまり強調することのない、〝ミルクブレッド〟とは違うニュアンス。あくまでも〝ミルキー〟な食パンなのです」と小倉さん。

ちなみにその商品名は、仕事上の付き合いのある、あるパティシエが試食をし、その感想を〝ミルキーな〟とネットで紹介したことから付けられたものだという。

乳の香りが出やすい素材ということで、脱脂粉乳や生クリーム、牛乳などを色々と試した。その中から、ほのかな香りや優しい甘さも出せることから、最終的にはコンデンスミルク18%、牛乳10%という配合にした。これに水が58%入るから、水分量は80%という多加水のパンになる。

独自の食感を出すため、冷凍後4℃で長時間熟成

乳製品と並んで頭を悩ませたのが、小麦粉だった。

「私がもう40年以上使い続けてきた粉に『ゴールデンヨット』があり、この粉で作ると、焼いた時の香りや味わいは理想に近い。ただ、すっきりとした甘さが出ないと感じました」と小倉さん。

そこで、自身が開発に携わった粉の中から、タンパク質が少なく、粒度の小さな粉で、すっきりした甘みと高い香りの「ホフウンレジェンド」をメインに、「ゴールデンヨット」を組み合わせた。

なお同店のミキサーは、パン店では珍しいダブルアームミキサーを使っている。

「生地のコシのつき方が独特で、しっかり捏ね上げてグルテンがデリケートで強い。捏ね時間も、縦型ミキサーと変わらない。さらに、柔らかい生地でも、捏ね上げ温度が上がりにくいのが一番の利点です」と小倉さん。

目指す食感は、もっちりしっとりでふわふわ。その味わいと食感を実現するために、捏ね上げた生地は低温で長時間の熟成を行う。ミキシングを終えた生地は60分発酵させ、パンチを入れたら、マイナス17~20℃の冷凍庫で半日冷凍。その後、4℃の冷蔵庫で翌朝まで置く。この熟成のため、発酵酵母は冷凍耐性の強いルサッフル社の「サフ　ゴールド」を使う。

翌朝、生地を取り出したら、分割してベンチタイムを1時間。そして成形する。成形はモルダーではなく手で行う。

「加水率が80%と非常の柔らかい生地のため、モルダーに入らないのが理由の一つ。もう一つは、冷蔵庫から出してまだ芯温が低いかもしれないので、生地を温めるという意味も込めて、手で成形しています」と小倉さんは言う。

最終発酵は32℃・湿度75%のホイロで50~60分。焼成はコンベクションオーブンで、上火・下火ともに250℃で25分焼く。

耳が薄く、ふわっとした内層。そしてほのかに香るミルクの香りの「ミルキーブレッド」は、子供から年配のお客にまで、人気を集めている。

パン・カレ

ブーランジュリー オーヴェルニュ
オーナー 井上克哉

7～8種類ほどある同店の食パンバリエーションの中で、基本となるのがこの食パン。バタートーストにして食べることをイメージし、牛乳などの副材料でミルクの風味や香りを加え、バターと相性の良い味わいに仕上げている。

シンプルな中にも、キメ細かさと
ミルクの風味を強調して個性に！

1斤227円 1本681円（税込）

パン・カレ

【配合】

- スーパーキング（日清製粉㈱）…50%
- カメリヤ（日清製粉㈱）…30%
- ビリオン（日清製粉㈱）…20%
- サフ　セミドライイースト…0.6%
- 塩…2%
- 上白糖…4%
- 脱脂粉乳…5%
- 無塩バター…5%
- 牛乳（乳脂肪分3.8%）…10%
- 水…62%

【工程】

▶ミキシング

低速3分　高速4分
↓（無塩バター）
低速3分　高速4分
捏ね上げ温度25.5〜26℃

▶1次発酵

温度28℃・湿度75%　90分

▶フロアタイム

パンチ　室温で30分

▶分割・丸め

210g

▶ベンチタイム

20〜30分

▶成形

モルダーに2回通し、3斤型に6玉入れる

▶最終発酵

温度38℃・湿度85%　1時間

▶焼成

蓋をして、上火210℃・下火240℃で45分

【機器】

- ミキサー…ケンパー社　スパイラルミキサー
- オーブン…ボンガード社　平窯

バターの風味に良く合う シンプルで飽きない味に

『ブーランジェリー　オーヴェルニュ』で、7~8種類ほどある食パンの中で、最もベーシックなタイプの食パンが「パン・カレ」だ。商品名の「カレ」は、フランス語で「四角」、つまり、蓋をして焼いた角食パンを意味する。

オーナーシェフの井上克哉さんが目指した基本の食パンは、「毎日食べるパンだから、長く飽きの来ないようにしたい」ということ。そのために、トーストしてバターなどをぬって食べることまで考え、なるべくシンプルな味を目標にした。

小麦粉は、3種類をブレンドして使う。メインの粉である最強力粉の「スーパーキング」は50%。グルテン量が多く、窯伸びが非常に良いことから選んだ粉だ。さらに、強力粉の「カメリヤ」を30%、「ビリオン」を20%ブレンドする。

「ビリオンは、カメリヤよりも灰分が多め。この粉を20%使うことで、小麦の味わいがより一層高くなります」と井上さんはいう。

イーストは、フランス・ルサッフル社のものを使用。長年ドライイーストを使っていたが、セミドライイーストに変更した。冷蔵保存する必要があるが、その分、安定性や保存性に優れている。その他の利点は、ドライイーストと異なりビタミンCを含んでいないため、生地に余分な力が付かないことだ。生地そのものの発酵力で膨らむので、発酵状態を確認しやすいメリットがある。このセミドライイーストは0.6%と、最小限の量を使っている。

副材料としては、牛乳を10%、脱脂粉乳は5%を加える。

「キメが細かく、ほんのりとミルクの風味や香りがする食パンを目指しました」と井上さん。これは、先にも述べた「バターをぬって食べる」ことを想定し、バターをぬって顔に近づけた時、その乳風味がより一層香るようにするためだ。ただし、しつこくなりすぎないことも大切。その結果として、牛乳と脱脂粉乳は、それぞれ10%と5%の配合となった。

モルダーには2回通して キメの細やかさを魅力に

生地づくりは、ドイツ・ケンパー社のスパイラルミキサーでミキシングを行う。

「ハード系のパンをメインに売りたいと考えていたので、このミキサーを選びました。修業した店でも使っていて、使い慣れていたということもあります」という井上さん。ハード系のパンと併用して、食パン生地にもこのミキサーを使っており、その理由は、必要以上にミキサーを回すことがなく、無駄なグルテンを出さない、また生地を傷めることも少ないからだという。

ミキシングした後に90分、パンチ後に30分、じっくりと発酵を取って、粉のうま味を引き出す。

「食パン生地はキメの細かさも重視しています」という井上さんは、成形の前に生地をモルダーに2回通している。「パン・カレ」の断面が美しく、キメが整っているのは、そうしたひと手間をかけているためでもある。〝キメの細かい食パン〟という評判も、常連客から良く聞かれる声の一つだ。

オーブンは、フランス・ボンガード社の平窯を使用。輻射熱で焼き上げるため、火の通りが早く、ムラ無くきれいに焼けるというメリットがある。

こうして作る食パンの「パン・カレ」は、ミルク風味の飽きの来ない味わい。1日に30~40kgの小麦粉を使って仕込む、同店の人気商品だ。

すがもトースト

BOULANGERIE TOAST《ブーランジェリー トースト》

オーナーシェフ 土屋正博

店のある巣鴨から名を取ったこの食パンは、1995年からオーソドックスな製法で作り続け、人気を維持している定番商品。基本の製法をしっかりと守りながら、新たに液種を取り入れるなど、味の向上も図っている。

オーソドックスな製法を続け、味の向上も図り、人気を維持する

1斤360円（税別）

すがもトースト

【配合】

カメリヤ（日清製粉㈱）…35%
リスドォル（日清製粉㈱）…35%
キタノカオリ（平和製粉㈱）…30%
USイースト…2.8%
クレム・ドゥ・ルヴァン…7%
塩（シママース）…2.1%
SG糖…6%
全脂粉乳…3%
無塩バター…6%
牛乳…20%
水…45%

【工程】

▶ミキシング

低速2分30秒　中速5分
↓（無塩バター）
中速6～8分
捏ね上げ温度26℃

▶一次発酵

温度26℃・湿度75%　40分
パンチ　30分

▶分割・丸め

220g

▶ベンチタイム

12分

▶成形

モルダーに2回通し、3斤型に6玉入れる

▶最終発酵

温度35%・湿度80%　50分

▶焼成

蓋をして、上火225℃・下火240℃で40分

【機器】
- ミキサー…関東混合機工業㈱　スパイラルミキサー
- オ　ブン…㈱東京コトブキインダストリー　電気オーブン

生地に液種を加え、パンの風味や香りがアップ!

『ブーランジェリー・トースト』オーナーシェフの土屋正博さんは、食パンに関して〝すし屋さんでシャリが大事なように、パン屋にとって食パンは基本となる大事な商品〟と表現する。

「うちの製法は、多くのリテイルベーカリーでも取り入れている、極めてオーソドックスなもの。そして、決して手抜きしないということをしっかり守っています。そうすれば、レシピ以上のものが出てくると思います」

オーソドックスな製法を取り入れたのは、食パンを自家製サンドイッチにも使用するため。特徴があるパンより、ベーシックな味が良いと考え、1995年から同じ製法を続けている。

イメージしたのは、口溶けが良く、適度にもちもちした食感で、引きの強く、トーストした時にさっくり感がある食パンだ。

小麦粉は、強力粉の「カメリヤ」と、フランスパン用の準強力粉「リスドォル」を35%ずつ、それに「キタノカオリ」を30%配合。力の強い(グルテン量の多い)強力粉にフランスパン用粉を混ぜることで、引きが強いながらもさっくりした食感が楽しめる生地にした。

乳製品に脱脂粉乳を使う店は多いが、同店では全脂粉乳を使う。脱脂粉乳よりもコストはかかるが、コクが出て美味しさが増す。生地の伸びや安定性も良くなって、パンにボリュームが出るという。

もう一つ、土屋さんがこだわって使い始めた材料が「液種」だ。液種には以前から注目していたが、作る手間や作業スペースの問題から、なかなか使えなかった。しかし、手軽に使えて今は最もポピュラーなオリエンタル酵母工業の「クレム・ドゥ・ルヴァン」を使用している。

「液種はパン本来の発酵風味や香りを出すのに役立っています」と土屋さん。口溶けが良く、ソフトな食感の生地に仕上がり、食パンの美味しさを高めるのにひと役買っている。

焼きたての風味を重視し、温度管理はしっかり守る

製法は、オーソドックスなストレート法を採用。ただしその中にも、ポイントはいくつかある。

ミキシングには、スパイラルミキサーを使う。食パンやフランスパンの生地作りに使用しており、短時間で独特のしっかりしたミキシングができる点が良いという。また、縦型ミキサーはミキシングによって生地温度が上がりやすいが、スパイラルミキサーだと温度上昇が抑えられ、温度管理のしやすさもメリットとなっている。

また、途中でパンチを入れたり、モルダーに2回通したりして生地にボリュームを出し、キメ細かな生地に仕上げるのもポイントだ。

「温度が上がりすぎると、パンの風味が落ち、口溶けにも影響します」と土屋さん。最も気を遣う点は、捏ね上げ温度や最終発酵時などの温度管理だ。

その理由は、この食パンの場合は、ストレート法を採用している点にある。ストレート法は即製法で、パンの老化は早いが、その分、焼きたての美味しさが最大の魅力となる。焼きたての風味を損なわないためには、温度管理が非常に重要になるのだ。

先に述べたように、この食パンは、同店の自家製サンドイッチにも使用している。このパンを美味しく味わってもらえるようトーストして、様々な具材を挟むという。どんな具材にも合うオーソドックスな食パンにしたことで、利用範囲がぐっと広がっている。

イワンブレッド

ARTISAN BOULANGER MONSIEUR IVAN《アルチザン ブーランジェ ムッシュイワン》 日野店

代表取締役 小倉孝樹

灰分が多い粉を使って、独特のふすまの香りを特徴にした食パン。これが、ハード系のパンが好きなお客の心を捉える要因だ。灰分の多い粉で液種を作り、ひと晩発酵させることによって、ふすまの臭みを香りへと導いた。

ハード系の食パンを好むお客に愛される、クセになる味と香り

イワンブレッド

【配合】

●液種

レジャンデール（日本製粉㈱）…40%

インスタントドライイースト…0.1%

水…40%

●本捏ね

サンクドオテル（星野物産㈱）…40%

スリーグッド（日東富士製粉㈱）…20%

インスタントドライイースト…0.6%

塩…2%

砂糖…5%

脱脂粉乳…2%

卵…6%

有塩バター…5%

水…21%

【工程】

液種

▶ミキシング

低速1～1分30秒

▶冷蔵発酵

1～2時間室温に置いてから、7℃の低温冷蔵庫に移してひと晩寝かせる

本捏ね

▶ミキシング

低速4分　中速4分
↓（有塩バター）
低速4分　中速5～6分
捏ね上げ温度27℃

▶一次発酵

温度30℃・湿度75%　90分

▶分割・丸め

230g

▶ベンチタイム

25分

▶成形

棒状に丸める

▶ベンチタイム

25分

▶成形

ロール状に丸め、3斤型に6玉入れる

▶最終発酵

温度30℃・湿度75%　100～110分

▶焼成

蓋をして、上火210～220℃・下火280℃で40分

【機器】

- ミキサー…㈱ツジ・キカイ　ダブルアームミキサー
- オーブン…㈱ツジ・キカイ　コンベクションオーブンBX-5、デッキオーブンを併用

小麦の灰分の味と香りを引き出すポーリッシュ法

「イワンブレッド」は、コアなファンやハード系パンを好む人をターゲットに提案した食パン。

その最も大きな特徴は、ミネラル分が豊富な灰分の多い粉を使用していること。それによって出る独特のふすまの香りが魅力でもあるが、人によってはそれを敬遠することもある。確かに、「イワンブレッド」をプレーンタイプの食パンと比較すると、クセがあり、2、3日経つと一層ふすまの香りも増してくる。また、味の劣化が早いので、出せるのは涼しい時季だけに限られる。

灰分の多い粉を使う場合、ストレート法で作る方法と、長時間発酵でふすまの香りを飛ばしながらうまく調和させて作る方法の2パターンに分かれる。小倉シェフは、ストレート法で作るとふすまの香りが出やすいことから、後者の液種をおこして作るポーリッシュ法を用いている。

下火を使い、型の側面もしっかり焼き込む焼成法

液種のベースとなるのは、灰分の多い「レジャンデール」。吸水量も粉と同じで40%。これにインスタントドライイーストを加えて混ぜ合わせたものを、7℃の低温冷蔵庫でひと晩寝かせる。ただし、ミキシング後すぐに低温庫に入れると酵素の働きが鈍くなるので、1～2時間室内に置いてから低温庫に移す。

ひと晩置いて粉の味がすっかり馴染んだところで、本捏ねに入る。この時に使用する粉は輸入小麦「サンクドオテル」。クセが無くて扱いやすく、コストパフォーマンスも良い。これらと液種、その他の材料と合わせてミキシングした後は、120分かけて一次発酵を取る。

「パンは一次発酵で決まる」という小倉シェフ。そのために欠かせないのがホイロだが、同店ではツジ・キカイのドゥコンディショナーをホイロとして使用する。このホイロは、すべての温度帯においてブレが少なく扱いやすいという。

一次発酵中、90分経ったところで一度パンチを入れ、残り30分生地を寝かせてから分割・丸めに入る。その後、25分置いて生地がゆるんだところで棒状に成形する。さらに25分置いて生地がゆるんだところで、今度は麺棒を使ってロール状に丸める。この生地はゆるみやすい性格を持つので、成形を2段階に分けて行うことで、ガスが抜けて目が詰まった生地ができ上がる。

九分出しで最終発酵を取った後、セラミックの石窯で焼成する。

焼成で注意しているのが、下火の温度加減だ。火の当たるパンの上部と下部は良く焼けるが、側面には熱が回りにくい。型焼きパンは下火で側面まで良く焼き込むことによってうま味が現れ、そうするか否かによって、でき上がりの味と香りも違ってくる。トーストしたパンやサンドイッチを食べた時など、その差は歴然だ。この点こそが、型焼きパンに対して小倉シェフが最も気に留めることだという。現状、上火220℃・下火280℃が同店の食パンの基本焼成温度だ。

なお、同店では食パンを焼く際に、その日焼くパンや他のパンの焼成を考慮しつつ、安定的な焼き時間を守るため、コンベクションオーブンとデッキオーブンの2台を併用している。

側面までしっかりと焼き込んだ「イワンブレッド」。液種をおこしてパンを焼くことにより、灰分特有の香りが表現できた。

食パン

BOULANGERIE LA SAISON《ブーランジェリー ラ・セゾン》

オーナーブーランジェ 西條友起

サンドイッチやトーストで食べる際、多種多様な食材に合わせるとこができるよう、あえて突出するもののないプレーンな味を目指した食パン。原材料も複雑でなくシンプルにし、オーソドックスなストレート法で作られる。

多様な食べ方、具材やソースに
合うよう、「プレーンな味」に徹した

1斤237円 1本712円（税込）

食パン

【配合】

プレミアムK（昭和産業㈱）…100%
サフ　インスタントドライイースト…1%
塩…2%
グラニュー糖…5%
ショートニング…5%
牛乳…8%
水…68%
無塩バター…6%
牛乳…2%
水…54%

【工程】

▶ミキシング
低層2分　高速5分
↓（ショートニング）
低速1分　高速2分
捏ね上げ温度26℃

▶一次発酵
室温（バンジュウに入れて蓋をする）で90分　パンチ　30分

▶分割
215g

▶ベンチタイム
25〜30分

▶成形
手で丸め直し、3斤型に6玉入れる

▶最終発酵
温度38℃・湿度70〜75%　1時間

▶焼成
蓋をして、上火215℃・下火230℃で40分

【機器】
- ミキサー…ケンパー社　スパイラルミキサー
- オーブン…ボンガード社MAデッキオーブン　平窯

プレーンなパンは、極力プレーンなままでが基本

『ブーランジェリー・ラ・セゾン』は、ヨーロッパの街なかにあるような、地域に根ざしたベーカリーを目指し、オーナーブーランジェの西條友起さんが開いた店。ハード系の直焼きパンを主力にしているという同店でも、「食パン」は欠かすことのできない売れ筋商品となっている。

「プレーンなパンは特徴を出さずに、なるべくプレーンなままがいい」というのが、西條さんの基本的な考え方だ。

プレーンなパンは、買ったお客が各自で手を加えて食べるもの。朝食にトーストしてバターをぬって食べる、お弁当や昼ごはんとして具材を挟んでサンドイッチにする、夕食のメイン料理のソースにつけて食べる…などだ。このように、食パンは他のものと組み合わせて食べてもらうパンであると考えている。

「そもそも、ソースや具材と合わせて食べるのが本来の姿だと思います。食パンもシンプルに作るのが、一番いいと思っています」という西條さん。

その結果として、同店の食パンはストレート法を用い、具材もなるべくシンプルを心がける。味わいも、口当たりも軽いオーソドックスなものを目指している。

小麦粉は、昭和産業の強力粉「プレミアムK」を100%使用。味、香り、吸水性、窯伸びの良さなど、総合的に見て良質で、コストも抑えられるという理由から、この小麦粉を選んだ。

油脂はショートニングを選択。粉の風味を活かすため、バターなどの乳製品の匂いは出したくないからだと言う。

副材料は他に、グラニュー糖と牛乳を使っている。

「砂糖にも色々ありますが、他のパンにも併用できるグラニュー糖を選びました。材料はなるべく増やさないでシンプルにした方が、コストも削減できるし、管理もしやすいからです」と西條さん。

食パンは毎日食べるものだから、価格（1斤237円）はなるべく抑えたい。そのために材料は複雑にせず、他のパンと併用できるものにしている。

気温や湿度等のデータを取って、パン作りに活用

食パンは、毎朝その日の分をストレート法で仕込む。ミキサーはドイツ・ケンパー社製のスパイラルミキサーを使用する。

「生地をたたきつけるよりも、やさしく捏ねるようにしたかったから」と西條さん。

以前は生イーストを使用していたが、現在はルサッフル社のインスタントドライイーストを使っている。特有のイースト臭がなく、軽くサックリとした食感の生地が仕上がるからだという。

「ドライイーストはゆっくり活性するタイプ。だから、捏ね上げ温度はやや低めにし、生イーストのときより発酵時間を長く取ります。この捏ね上げ温度と発酵時間のバランスが、難しいですね」と西條さん。一番バランスが良いと思ったのが、捏ね上げ温度26℃、発酵時間は31～32℃の室温で90分、パンチを入れてさらに30分発酵という現在の製法だった。

パンづくりにはその日の気温、室温、湿度など、様々な要素が関わっており、タイミングやバランス次第でできが異なる。そうした中で、常に安定したパンを作るには、「何よりも基本を守ることが重要」だと西條さんはいう。毎日、気温などのデータを取り、曇りの日や寒い日などさまざまな気候に対応できるようにしている。

グラハム食パン

フランス菓子・フランスパン ビゴの店

オーナー ビゴ・ジャンポール 太郎

グラハム食パンは、トーストすると香ばしさの魅力が倍増する。『ビゴの店』ではクロック・ムッシュ、クロック・マダムに活用している。全粒粉で中種を作るが、うま味を引き出すため、ひと晩冷蔵してから、翌日本捏ねに用いる。

カリッとした食感と香ばしさを魅力にした、全粒粉の食パン！

1本850円（税別）

グラハム食パン

【配合】

●中種

- 粗挽き全粒粉（日清製粉㈱）…50%
- スーパーキング（日清製粉㈱）…50%
- 水…100%

●本捏ね

- 中種…40%
- スーパーキング（日清製粉㈱）…60%
- インスタントドライイースト…0.7%
- 生イースト…0.7%
- 塩…2%
- 砂糖…4%
- モルトシロップ…0.2%
- 脱脂粉乳…5%
- 無塩バター…6%
- 牛乳…35%

【工程】

中種

材料はざっくり合わせて、5～10℃で一晩冷蔵する

▶ミキシング

低速4分　2速4～5分
↓（無塩バター）
低速2～3分
捏ね上げ温度24℃

▶フロアタイム

45分　軽めのパンチ　45分

▶分割・成形

540g

▶ベンチタイム

30分

▶成形

棒状にのばし、2本を編んで1本にし、型に入れる

▶最終発酵

温度28℃・湿度60～70%
40～50分

▶焼成

蓋をして、上火200℃・下火200℃
45分

【機器】

- ミキサー…スパイラル型
- オーブン…ガスオーブン

全粒粉は一晩冷水に漬け味わいを引き出し本捏ね

全粒粉のパンは、そのまま食べるにはボソボソした食感で食べ難いという意見もあるが、食物繊維もミネラルも豊富だということで人気が高まっている。

トーストして食べると、全粒粉のパンならではの香ばしさと、カリッとした食感が引き立ち、風味も良くなるので、トーストが好きな人には特に人気があるのが「グラハム食パン」だという。

『ビゴの店』では、グラハム食パンを使って、クロック・ムッシュとクロック・マダムを出している。温めて美味しいサンドイッチの定番人気の品だ。

グラハム食パンは、まず、全粒粉と「スーパーキング」を水に浸して一晩置くことから始まる。

水と全粒粉と「スーパーキング」を手でざっくりと合わせ、5～10℃で冷蔵してひと晩置く。ざっくり合わせるのは、この段階で捏ねてグルテンが出ないようにするためだ。

まず水に全粒粉を浸すのは、全粒粉を柔らかくするのが目的。小麦粉の外皮も一緒に製粉している全粒粉は、硬い部分もある。それを水に浸すことで柔らかくするのだ。

冷蔵でひと晩水に浸すことで、粉のうま味を引き出す役割もする。香ばしい、香りの良い仕上がりにするための作業でもある。なお、水は芦屋の水を使い、特別に取り寄せた水は使っていない。

「スーパーキング」を合わせるのは、グルテンを補うため。

全粒粉はグルテンが弱めの粉なので、強力粉である「スーパーキング」を足すことでグルテンが強めの生地にする。グルテンを補わないと小さく焼き上がってしまい、軽さがなく、もっちりした食感になってしまう。

全粒粉の食パンは、軽い感じが香ばしさにマッチして美味しい。角食パンのようにもっちりとした食感は全粒粉では合わない。

香ばしい食感と、香りのいい焼き上がりを大切に

ひと晩水に漬けて冷蔵した中種は、翌日、「スーパーキング」と合わせて本捏ねに入る。

バター以外の材料を合わせ、スパイラルミキサーで低速4分、続いて2速で4分～5分。

モルトシロップを加えるのはイーストを助けるため。牛乳の割合が角食より多いのは粉に風味のある全粒粉のパンだから。角食と同じくらいの割合の牛乳では、牛乳を入れることの風味づけが飛んでしまう。かといって、牛乳の風味が強いと全粒粉を使う香ばしさと香りの良さを弱めてしまう。このバランスを考えての牛乳の割合である。

2速にして4～5分回したらバターを入れて、低速で2分～3分でミキシング終了。

なお、バターは鮮度のいいものを使うように心がけている。このことはパンもお菓子も同様。ミキシングの後はフロアタイム。45分置いて、パンチ1回で45分。

1玉５４０gに分割して、ベンチタイムは30分。型に2玉分入れてホイロに入れる。

ホイロは温度25℃、湿度75%で40～50分。

焼成は上火２００℃、下火２００℃で45分。

角食パン同様、蓋をしてオーブンに入れるときの生地の発酵具合は気をつかうところだ。発酵が足りない状態で焼成すると、型の中で小さめに焼き上がって生地がもっちりしてしまう。発酵が進みすぎだと、パサッとした仕上がりになってしまうからだ。

白神生クリーム食パン

Loin montagne《ロワンモンターニュ》

オーナーシェフ 遠山 広

ストレート法で作る生クリーム入りの食パン。老麺を加えて味に深みを出し、白神こだま酵母を用いて国産小麦の自然な甘さを引き出した。焼き上がりは弾力があり、手で押してもはね返るほど。コシのある食感が楽しめる。

生クリームの香りと小麦の香り、もちっとした食感の人気食パン

1斤320円（税別）

白神生クリーム食パン

【配合】

キラリッチ（横山製粉㈱）…90%
モンスティル（アグリシステム㈱）…10%
白神こだま酵母…2.6%
老麺※…15%
海洋深層水塩…2%
花見糖…4%
生クリーム（乳脂肪40%）…6%
無塩バター…2%
酵母溶解水…2.6%
水…58%

※老麺は、前日の仕込み生地。1時間40分の常温発酵後、パンチ前に翌日分の仕込み分を取り、ボックスまたはビニール袋に入れて、5℃の冷蔵庫で15時間寝かせる。

【工程】

▶ミキシング
1速3分　2速2分
↓（老麺、無塩バター）
2分6分　3速2～3分
捏ね上げ温度28℃

▶つき丸め
麺台で5分ほど休ませた後、突きながら折りたたむ

▶一次発酵
温度28℃・湿度75%　100分

▶ベンチタイム
パンチ　室温で20分

▶分割・丸め
230g

▶ベンチタイム
20分

▶成形
モルダーに1回通し、3斤型に6玉入れる

▶最終発酵
温度32℃・湿度75%　50分

▶焼成
蓋をして、上火190℃・下火170℃
34分

【機器】
- ミキサー…関東混合機工業㈱　縦型ミキサー
- オーブン…㈱久電舎　電気オーブン

国産粉と白神こだま酵母の個性を活かすパン作り

「白神生クリーム食パンは、小麦の風味が豊かでコシのある食パンに仕上げたかったんです」と語る『ロワンモンターニュ』の遠山広シェフ。

手で押し潰しても、はね返って元の形に戻るほどの弾力があり、トーストした時にしっとりと焼き上がるよう仕上げた。そのために選んだ小麦粉は、「キラリッチ」と「モンスティル」という、いずれも北海道産だ。

「白神生クリーム食パン」以外のパンにも国産小麦を多用する同店。一般に、国産小麦はでんぷんを多く含んでいる。でんぷんが多いともちもちした食感に仕上がり、うま味成分であるアミノ酸も多く含んでいるから美味しい。こういった国産小麦の特性を活かせる酵母ということで、同店では華やかな香りとほんのりした甘みを醸し出す白神こだま酵母を使っている。

ミキシングの最初の1分と、一次発酵後が最重要

ミキシング工程に入る前に、まずは下準備から。ふるいにかけた粉、海洋深層水塩、花見糖、生クリームをミキサーボールに入れる。36℃の温水にした酵母溶解水の中に白神こだま酵母を手でほぐし入れ、1~2分置いたらホイッパーで撹拌する。これをミキサーボールに投入し、水を加えてミキシングを開始する。

ミキシングの最初の1分間は、製造工程の中でも重要なポイントだ。この時に配合の間違いや異物混入を発見すれば、仕上がりにそれほど影響することもなく対処できる。ミキサーを回し始めたら、材料の入れ忘れがないかを目と舌で確認。生地の固さが程良いかどうかを手で触って確認する。

1速で3分、2速で2分回した後に老麺と無塩バターを投入。トレハロースやアミノ酸を多く含んだ老麺を加えることで、味に深みが出る上、発酵の手助けにもなる。2速で6分回した後、生地に伸展性を出すため、さらに3速で2~3分、様子を見ながら回す。

ミキシング終了後は麺台で5分ほど休ませ、こぶしを軽く握るようにパンを突いては徐々に力を入れて、折りたたんでいく。この作業をつき丸めという。つき丸めを行うことで、ガスの補充力が高くなり、生地も落ち着く。

１００分かけて行う一次発酵の合間には、発酵の進み具合を目と手で確認。それが済んでパンチをする前にも再度、生地の状態を確認する。ここで生地の状態を見誤ると、ベストの仕上がりは期待できない。生地が未熟であれば改めてホイロに入れたり、室内であれば室温を上げるなどして調整する。

3本指で生地をつまみ、プチプチと指の中でガスがはじけた時（=ガスを含んでいる）が、分割のタイミングだ。２３０ｇに分割・丸め後、約20分のベンチタイム後、モルダーにかけて成形する。

最終発酵は八分出し。焼成は、上火より下火を低めに設定して34分焼く。

なお、焼き上がり後に白神こだま酵母の特徴である甘い香りが出れば、酵母の状態は良かったといえるそうだ。もし酵母臭が強く出るようであれば、全体の発酵が未熟なまま進めてしまったということになる。

原因は、生地の捏ね上げ温度が低かったり、生地の発酵時間が短かったことにある。その場合は、生地温度を1℃または2℃くらい高めになるよう室温を調整したり、発酵時間を長めにとることで改善できる。

角食パン

Fournier《フルニエ》

オーナーブーランジェ **坂田隆敏**

1回の仕込みが粉10kgで、平日は最低3回、週末には5～6回焼くという人気のパン。毎日食べられるよう、ほんのり甘い味、それにしっとり感が長続きすることを重視。しかも一人で仕込む作業を前提に効率化も図る。

毎日食べてもらうための味と食感。〝作業効率化〟と味わいを両立する

1斤300円 1本900円（税込）

角食パン

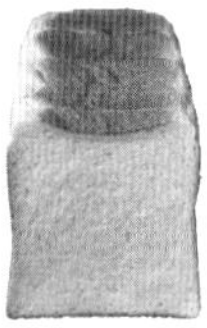

【配合】

- アヴァロン(日本製粉㈱)…70%
- ブリザードイノーバ(日清製粉㈱)…30%
- セミドライイースト　サフ…1%
- 上白糖…8%
- 塩…2.1%
- 脱脂粉乳…3%
- バター…6%
- 発酵種(前日仕込んだ生地をひと晩発酵させたもの)…15%
- 水…75%

【工程】

▶ミキシング

L5分　H2分
↓(バター)
L3分　H2分
捏ね上げ温度28℃

▶つき丸め

発酵ボックスに入れ、10分程度生地をゆるめ、三つ折り2回

▶フロアタイム

温度36℃・湿度80%　60分

▶分割

225g

▶低温長期熟成

丸めて、急速冷凍し、温度3℃以下・湿度▶%で3日程度置き、熟成させる

▶復温

生地の中心温度が16℃程度になるまで

▶成形

2段モルダーに2回通して俵型にし、3斤型に6玉入れる

▶最終発酵

温度36℃・湿度80%　60分

▶焼成

蓋をして、上火200℃・下火220℃で40分　窯入れ直後スチーム1回
3分後もう1回スチーム

【機器】

- ミキサー…ケンパー社　SP15
- オーブン…㈱ベーカーズプロダクション　武蔵

毎日食べても飽きない味 しっとり感を保つ生地に

坂田シェフは、一人で仕込みを行い、多い日には38万円を売る。しかも、朝6時の開店時に7～8割の品揃えをする仕込み体制を整えている。そのため、綿密なタイムスケジュールと、それを可能にする配合と製法も重視する。

「角食パン」は、平日で粉30kg、週末には50～60kg仕込む人気商品。そのまま食べても、トーストしても美味しいと評判だ。

坂田シェフが目指したのは、ほんのりと甘く、毎日食べられる味。しかも、2～3日後でもしっとり感を持続できるパンだ。

そこで選んだ粉は、「アヴァロン」と「ブリザードイノーバ」。「アヴァロン」は1ＣＷの中心部のみを使った最上級の小麦粉で、しっとり・ふんわり・もっちりの食感のバランスが良い。風味も良く、日本人が好むキメ細かな生地のパンに合う粉。30%配合する「ブリザードイノーバ」は、冷凍・冷蔵耐性があり、低温長時間発酵させても安定したボリューム感が得られ、時間が経ってもパサつかず、しっとり感が長持ちする。

発酵種は15%配合。発酵種を加えることで生地の熟成が早く進み、比較的短時間でも風味とソフトな口当り、しっとり感を得ることができる。一次発酵が短くて済むため、作業効率が良くなるという利点もある。一人での仕込みを前提にしている坂田さんは、作業の効率化を進めるために配合の見直しを常に行っている。

低温長時間発酵に備え、粉の芯にまで吸水させる

「角食パン」のミキシングにおいて坂田さんが重視するのは、小麦粉の特性を見極め、低温長時間熟成させる生地に合わせてしっかり捏ね、粉の中心部まで水分を吸わせること。そうすることで、数日保存しても離水しない。

バター以外の材料をミキサーボールに入れたら、低速で5分、高速で2分。さらにバターを入れて低速で3分、高速で2分回す。捏ね上げ温度は28℃。

以前はオートリーズ法で短時間でミキシングを終えていたが、さらなる作業効率化から長時間熟成に変えたことで、離水を防ぐためにもミキシング時間は長めで、しっかり捏ねるようにした。ミキシング後は、発酵ボックスで10分置く。生地がゆるんだら、二つ折りを2回行う。このつき丸めにより生地にコシが出て、キメも細かくなる。

その後、長時間熟成を行うことを考え、生地は比較的若めで分割。酵母菌の活性を止める温度まで急速冷凍にかける。そのまま冷凍保存する場合は、1週間は可能だ。

酵母菌の活性を止めたら、0℃以下の低温で3日間熟成。3℃以下だと酵母菌の活性は止まるが、酵素の活性で熟成が穏やかに進む。

熟成させた生地は、成形前に生地温度を上げ、生地の中心温度を15～16℃に復温させて酵母菌の活性を促す。この時、表面温度だけが急激に上がらないよう、時間をかけての復温が重要だ。

モルダーに通したら、生地がややゆるむ程度にベンチタイムを取り、再びモルダーに通し、俵型にして型に詰める。2回モルダーに通すのは、均等に効率よくガスを抜き、キメの細かい生地に仕上げるため。

最終発酵は60分取る。生地が型（内寸36㎝×12.5㎝×12.5㎝）の70～75%程度までを目安とし、焼成の工程に移る。

焼成は40分。たっぷりとスチームを2回入れて、蒸し焼きの状態にする。こうすることでクラストが薄く、よりしっとりとしたパンに焼き上がる。

黒糖食パン

シャルムベーカリー・ポンシェ
オーナーシェフ 内藤昌弘

ほのかな黒糖の香りと、柔らかい食感にファンが多い。沖縄の黒糖を使った、見た目のインパクトとヘルシーさが魅力。甘さを抑えてサンドイッチはもちろん、トーストしてバターを塗って食べても合う味わいにした。

見た目と味の特徴のため、黒糖を使用。ダレやすさは、製法で対応

2斤648円（税込）

黒糖食パン

【配合】

- ゴールデンヨット(日本製粉㈱)…70%
- ヘルメス(奥本製粉㈱)…30%
- 生イースト…3%
- 塩…1.2%
- グラニュー糖…3%
- 黒蜜…10%
- カラメル…0.5%
- 黒糖水…10%
- バター…6%
- 黒糖水…10%
- 水…62%

【工程】

▶ミキシング

縦型低速2分　2速5分
↓(バター)
低速2分　2速4分
捏ね上げ温度26℃

▶一次発酵

温度28℃・湿度75%で90分
パンチ　30分

▶分割

220g

▶ベンチタイム

30分

▶成形

モルダーに2度通し、2斤型に4玉入れる

▶最終発酵

温度32℃・湿度75%　60分

▶焼成

蓋をして、上火230℃・下火230℃
35分

【機器】

- ミキサー…スパイラル型
- オーブン…ミベ　デッキオーブン

「こだわり」をアピール。国産黒糖入り個性派パン

36ページでも紹介した、看板商品である「ゴールド食パン」をはじめ、『シャルムベーカリー・ポンシェ』では合計13種類もの食パンが売られている。その中でも、見た目にも個性的な一品が「黒糖食パン」だ。

「『食パン＝白』というイメージがどうしても頭から抜けません。それを何とか変えたかったことと、インパクトのある商品を作りたかった。味だけでなく、見た目にも。その中で、白に対しては黒ということで、黒い色でパンに使用できる素材として、黒糖を使うというアイデアが出てきたのが始まりでした」と話すのは、同店オーナーシェフの内藤昌弘さん。

黒糖を選ぶに当たっては、中国産など海外のものも多い中で、品質への信頼感、安全性と、食べ比べての味わいによって、最終的には沖縄産のものに決めた。

使い始めた当初は、塊になっているものを店で砕いて使っていたが、台風などの気象的な影響で生産量が減り、パン店向けには入らないことがあったので、現在では安定的に入手しやすい粉末タイプのものを使っている。

美味しくするのに手間を惜しまず作る黒糖食パン

「黒糖食パン」には、「ゴールデンヨット」と「ヘルメス」を使用している。

バター以外の材料をミキサーにかけ、低速で2分、2速で5分回す。このパンでは、ミキサーは縦型ミキサーを使う。

「黒糖を使うと、独特の風味が出せる上に味わいにコクが出せます。しかしその一方で、上白糖などと比べてミネラル分が各段に多いため、生地をまとめるときに柔らかくなり、どうしてもダレやすくなる。このため、配合に工夫し、ミキサーも生地を叩きながらしっかりとグルテン形成ができる縦型ミキサーを使うようにしました」と内藤さん。

柔らかい生地になるので、スパイラルミキサーだと取り出しにくくなる。縦型ミキサーの方が作業しやすいという効率面も考えた上でのミキサーの選択だった。

バターを入れたら低速で1分、2速で4分。捏ね上げ温度は26℃。

フロアタイムでは、90分置いてパンチを1回入れ、その後30分置く。分割は1玉220g。ベンチタイムとして30分置いて、モルダーに2度通し。型に3本入れてホイロ。焼成は上火・下火ともに230℃で35分。

「黒糖食パン」の一番の特徴は、沖縄産の黒糖を使っていること。加える黒糖水は、その黒糖を店で水と合わせてから弱火で炊いて、とろみが出るまで少し煮詰めたものを冷まして使っている。黒っぽい色が付いていればいいのではなく、黒糖独特の風味を食パンに活かすためと、黒糖ならではのヘルシーな成分をきちんと活かすために、黒糖水づくりから店で行っている。

このように、同店は忙しいにもかかわらず、美味しくするための手間は決して省かない。手間を惜しまない積み重ねが、同店の評判を支えている。

本物の黒糖を使っているので、黒糖の香りもほのかだがしっかりするのが同店の「黒糖食パン」の特徴だ。ほんのりした甘みのある生地で、サンドイッチ用に良く合う。甘みは強くはないので、トーストしてバターをぬって食べても良い。柔らかい食感で、そのまま食べるのにも評判が良い。何より、本物の黒糖を使っているヘルシー感が評判を高めている。

食パン

Bon Vivant《ボン ヴィボン》

オーナーシェフ 児玉圭介

毎日飽きずに食べられるパンを作るために着目したのが、甘みとうま味。三温糖、バター、ヨーグルト種など、粉以外の材料で甘みとうま味を出して、味わいに特徴を出した。もちもちの食感も好評で、定番の人気商品となっている。

材料の甘みやうま味を活かし、焦げ目も美味しいパンに仕上げた

1斤320円（税別）

食パン

【配合】

- アヴァロン（日本製粉㈱）…100%
- 生イースト…2.5%
- ピュアナチュラル碧…0.1%
- 塩（シママース）…2%
- 三温糖…7%
- ポルテグルジアヨーグルト発酵液…4%
- 脱脂粉乳…4%
- 無塩バター…6%
- 水…72%

【工程】

▶ミキシング

低速8分　高速4分
↓（無塩バター）
低速4分　高速3分
捏ね上げ温度27℃

▶一次発酵

温度27℃・湿度78%　70分

▶分割・丸め

250g

▶ベンチタイム

25分

▶成形

モルダーに2回通し、3斤型に5玉入れる

▶最終発酵

温度36℃・湿度75%　60分

▶焼成

蓋をして、上火・下火ともに220℃で40分

【機器】

- ミキサー…関東混合機工業㈱　スパイラルミキサー
- オーブン…㈱東京コトブキインダストリー　電気オーブン

くどくない甘みを研究。飽きの来ない風味を実現

「食パンは毎朝食べられるもの。毎日飽きずに食べられるよう追求したのが、〝飽きの来ない甘さ〟を出すことでした」と、『ボン・ヴィボン』オーナーシェフの児玉圭介さんが言うように、食パン作りで特に大切にしたのは「甘み」。くどくなく、後を引かない甘さを出すために三温糖を選んだ。同時に、粉の甘みも考えた結果、三温糖の配合は7%に決めた。これより多くても少なくても、目指す食パンの甘さは出せないという。

もう一つこだわったのが、「香り」と「うま味」である。そのために粉は、「アヴァロン」を使用。食パン用としては最高級のカナダ産小麦１ＣＷが１００％の粉で、香り高く雑味の無いうま味を出せる。これにポルテグルジアヨーグルト発酵液も配合し、香り高い食パンとした。

さらに、前述の砂糖や油脂のうま味を出して、味に特徴を付けた。バターは6%。これに脱脂粉乳4%を配合し、ヨーグルト発酵液とともに乳風味のコクとうま味を強化した。

酵母は生イーストを使用している。香りの良さを活かしたいと考えたからだ。また、品質改良剤として、同店ではオリエンタル酵母工業の「ピュアナチュラル碧」を0.1%加えている。

「これは天然素材で作れた品質改良剤。翌日でもパンをパサつかせず、しっとりと美味しい状態で味わってもらうために加えることにしました」と児玉さん。

粉の収穫時期を把握するため品番を欠かさず確認

生地のミキシングには、スパイラルミキサーを使用している。

「生地を練り込むので、伸びのある生地に仕上がります」と児玉さん。水分量は72%とやや少めだが、生地の状態が柔らかい方が、材料の甘みを出しやすいという。

生地の仕込みの際に大切にしていることは、油脂を加える前のミキシング。ここで8割ぐらいまでしっかり生地を作ってから油脂を入れることで、しっとりとしてもちもちとした食感が出せるのだという。生地を引っ張ってみて切れる感じを覚え、それを目で確かめてから油脂を加えている。

さらに重要なのが、一次発酵の見極めだ。ミキシング終了後、温度27℃・湿度78%のホイロで70分を目安に発酵を取る。この発酵状態の見極めで、パンの出来が8割ぐらい決まるという。この段階できちんと発酵できていれば、失敗はほとんどない。もし発酵が弱かった場合は、ベンチタイムを長く取るなどして対処する。

もう一つ、児玉さんが欠かさずに行っていることは、粉質のチェックである。

「粉質は、収穫時期によって多少違ってきます。私はいつも、粉の袋に記載されている品番をチェックして、収穫時期を把握しています」と児玉さん。

たとえば、春先に収穫された小麦粉は、どうしてもコンディションが良くないという。生地がつながりにくいといった事態が起こりやすいので、そういう時期に収穫された粉を使う場合は、水分量や水温の調整が必要になる。こうした品質チェックをあらかじめ行うようにしたことで、一次発酵の際に「出来が悪い」などと慌てることも少なくなった。

こうしてでき上る「食パン」は、しっとり、もっちりとした食感で、素材の甘み、うま味が味わえるものに仕上がる。特にトーストした時にコクを感じ、焦げ目まで美味しく味わえるそうだ。

パン・ド・ミ・ブリオッシュ

フランス菓子・フランスパン ビゴの店
オーナー ビゴ・ジャンポール 太郎

卵たっぷり、バターもたっぷりのリッチな生地は、味わいを高めるためにミキシング後に一晩冷蔵してから分割・成形に移す。甘みのある角型パンとして、フルーツやサーモンを挟むサンドイッチ用のパンとしても利用する。

昔のオーソドックスな製法に基づくブリオッシュのパン・ド・ミ

1本750円(税別)

パン・ド・ミ・ブリオッシュ

【配合】

リスドォル（日清製粉㈱）…70%
スーパーカメリヤ（日清製粉㈱）…30%
生イースト…2%
塩…2.4%
砂糖…12%
無塩バター50%
全卵…60%
水…25%

【工程】

▶ミキシング

低速27分
↓（無塩バター）
低速3分
捏ね上げ温度24℃

▶フロアタイム

60分　パンチ　60分　パンチ
2回めのパンチ後、5℃の冷蔵庫で一晩置く

▶分割・丸め割

170g

▶ベンチタイム

15分

▶成形

2斤型に3玉入れる

▶最終発酵

温度28℃・湿度80%　90〜120分

▶焼成

蓋をして、上火200℃・下火200℃
30分

【機器】

- ミキサー…縦型ミキサ型
- オーブン…ガスオーブン

ブリオッシュは形を変えて、アイテム数を増やす

ブリオッシュは人気が高いパンであり、フランスらしいパンとして『ビゴの店』ではいろいろなアイテムを揃えている。

ブリオッシュ・ア・テット、ナンテール、ムースリンヌ、そして、食パン型に焼く「パン・ド・ミ・ブリオッシュ」など。

生地が扱い難いほど柔かいのが特徴だが、この柔かさの中に美味しさの秘訣もある。

卵をスパイラルミキサーにかけながら、小麦粉、粉類を加えていき、まとまったら、使う水の3分の1くらいを加え、残りは少しずつ加えていく。小麦粉はフランスパン用粉の「リスドォル」を7割に「スーパーカメリヤ」を3割。

このとき、ミキサーのボールの底は冷やして、生地の温度が上がらないようにしておく。

最初に3分の1だけ水を加えるのは、生地のコシが伸びないようにするため。最初から使う水の全量を加えてミキシングすると生地はダレてしまう。

少しずつ水を加えながら低速で27分ほどミキシング。生地のコシが伸びないように気をつけながらミキシングする。

柔らかくしておいたバターを加えて3分ほど回してミキシング終了。捏ね上げ温度は24℃。

捏ね上がりは、非常に柔かい生地だがコシはある。水を一気に加えてミキシングするとダレた生地になって、焼き上がりの食感も悪くなってしまう。

また、捏ね上げ温度が少し高くなるだけで、ブリオッシュは生地の風味と食感が変わってくる。気温が高い夏場のブリオッシュづくりの作業は、温度管理が特に難しくなる。

ミキシングを終えたら、フロアタイム。60分後パンチ。60分後にもう1回パンチして冷蔵する。生地が柔らかいのでパンチは2回する。

冷蔵は5℃でひと晩。長時間冷蔵することで味わいが出る。

翌日、冷蔵庫から出して分割。1玉170g。

丸めて、15分ほど生地を休ませてから型に3玉入れてホイロに。上火200℃、下火200℃で30分焼成する。

窯入れする時の発酵具合を見極めるのが、職人技

『ビゴの店』のブリオッシュは、軽い味わいなのが特徴。かといって、生地はパサパサではなく、ほどよくしっとりしている。

このように仕上げるための、柔かい生地であり、捏ね上げ温度を上げないのもポイントの一つになっている。

軽いので、そのまま食べるだけでなく、具材と合わせても美味しいブリオッシュだ。

「パン・ド・ミ・ブリオッシュ」は、その形からもサンドイッチに使いやすい。具材と合わせやすいブリオッシュとも言える。

実際、『ビゴの店』では、パン・ド・ミ・ブリオッシュをスライスし、サンドイッチに活用している。たとえば、スライスしたパン・ド・ミ・ブリオッシュにホイップクリームをぬって桃、パイン、みかん、イチゴをのせて挟んだフルーツサンド。他にも、ほんのり甘みのあるブリオッシュなのでサーモンサンドに使用しても合う。

フランスパンの美味しさを、ここで修業した人たちを通じて日本中に広めたと言っても過言ではない『ビゴの店』。現在、本店前の『レスカエコ　ビゴ』では、パンと料理とお菓子の教室も実施し、家庭でのパンづくり、パンの楽しみ方も広く教えている。

ドンク 仁瓶利夫と考える

Bon Pain への道

仁瓶利夫著

「食べてうまいパン」を作ることにすべてをかけて追求してきたドンク・仁瓶利夫が著した渾身の一冊。フランスパンの歴史からはじまり、うまいパンを作るための原材料の科学的研究、パン作りの工程、製法を豊富なデータや詳細な写真を使ってわかりやすく解説。パン職人のボン・パン作りをナビゲートする。

■定価　5,200円＋税
■A4版変形　232ページ

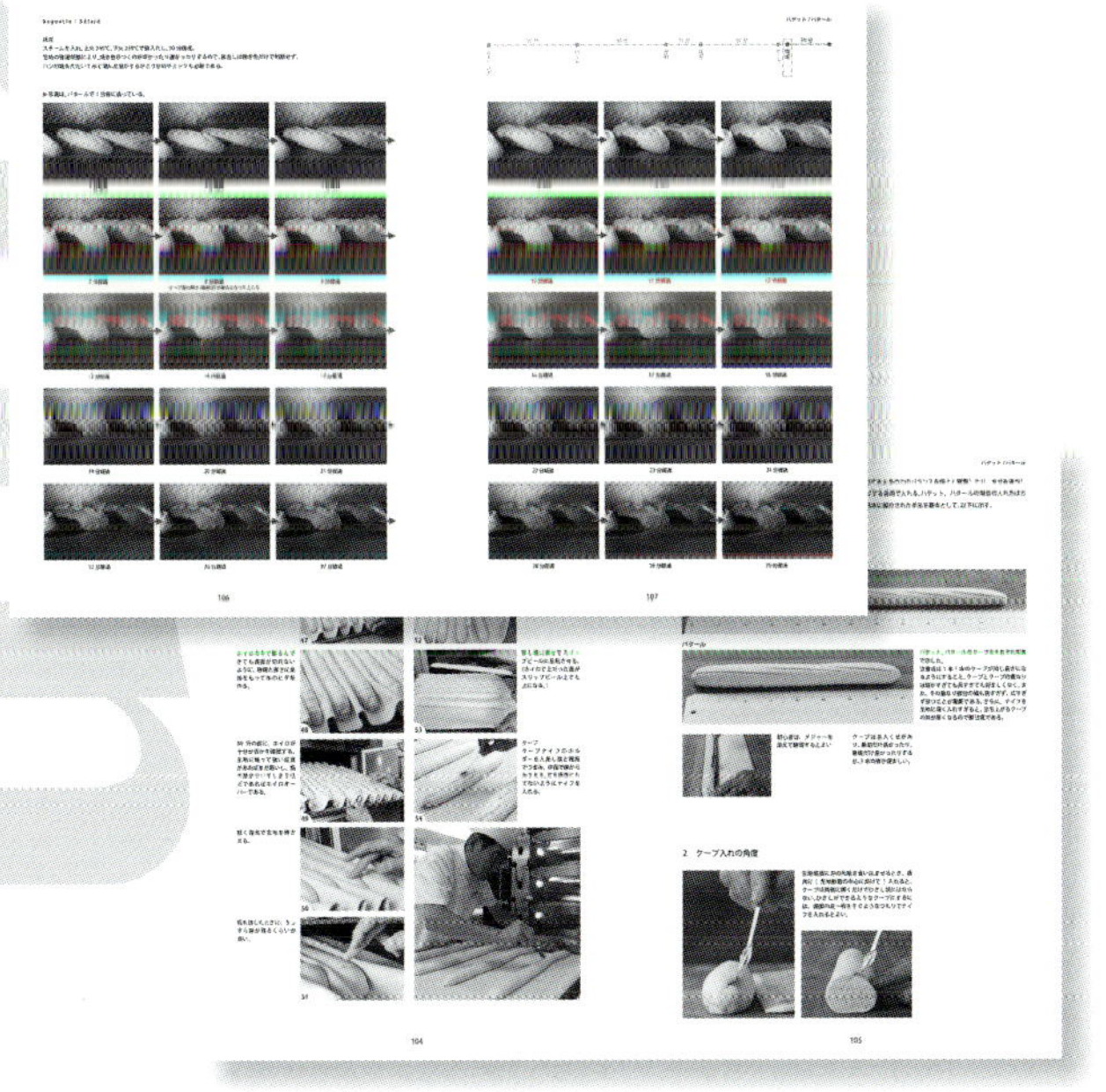

［第1章］ Bon Painの歴史

1. 私論「フランスパンの歩み」
2. 仁瓶利夫が見た、日仏フランスパン現代詩史

［第2章］ Bon Painの製法を追う

- パン・オ・ルヴァン
- バゲット・バタール
- パン・リュスティック
- パン・ド・ロデヴ

［第3章］ Bon Painの原材料

- 小麦粉
- パン酵母
- 塩
- 水
- モルト
- ビタミンC

［第4章］ 工程

- 発酵
- ホイロ
- クープの入れ方
- スチーム
- バゲットの相関図
- Bon Painの探し方

お申し込みはお早めに!

★お近くの書店にない時は、直接、郵便振替または現金書留にて下記へお申し込みください。

旭屋出版　〒107-0052　東京都港区赤坂 1-7-19　キャピタル赤坂ビル8F
TEL.03-3560-9065　振替 /00150−1−19572　www.asahiya-jp.com

■ 定価**1,500**円＋税
A5判216ページ

著者紹介 岩田 知子（いわた　ともこ）

1974年9月21日　東京生まれ。

二葉栄養専門学校卒業後、販売、サービス業に従事。その後、乳業メーカーに転職、営業およびデザートコーディネーターとして勤務。

レコールバンタンにて製菓の基礎知識を学ぶ。

2003年、パティシエ・イナムラショウゾウに入社。

2006年、ジャパンケーキショー　ディスプレイ部門で銀賞受賞。

2009年、一般社団法人　全日本ヴァンドゥーズ協会設立に参加、副会長に就任。

現在、パティシエ・イナムラショウゾウ　シェフ・ヴァンドゥーズとして勤務。商業ラッピング検定2級。

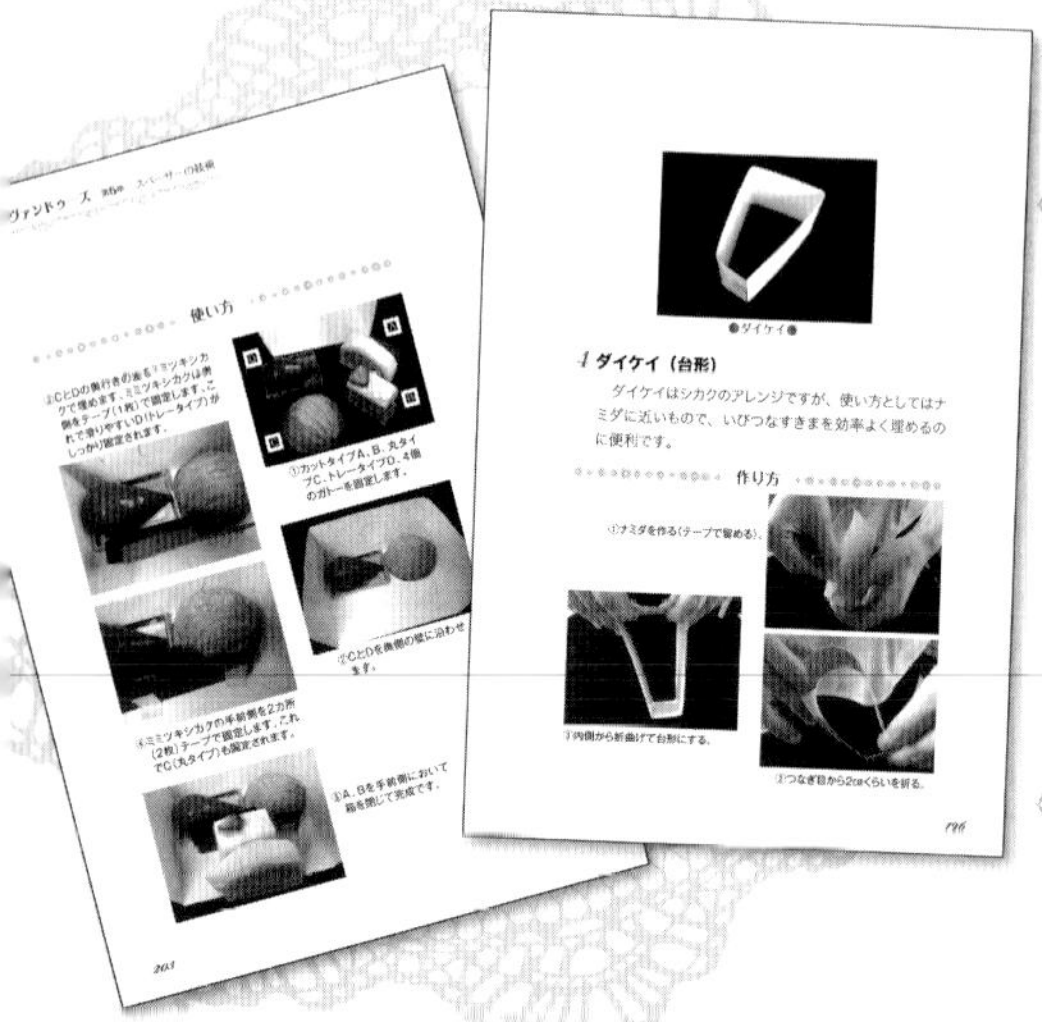

わたしは ヴァンドゥーズ

— 洋菓子店、「プロ」販売員のための接客と知識 —

パティシエ・イナムラショウゾウ シェフ・ヴァンドゥーズ
一般社団法人 全日本ヴァンドゥーズ協会 副会長
岩田 知子 著

菓子店の販売スタッフがヴァンドゥーズ。その接客法やマナー、お客様からの質問に対応するための知識、そして、知っておきたいパティシエとの連携、仲間との連携、そして、箱詰めの技術のポイントになるスペーサーの使い方のテクニックまで。プロの販売員として知っておきたいこと、伸ばしたいことをヴァンドゥーズ歴10年の岩田知子さんが体験をふまえて、わかりやすく紹介します。

第1章 あなたがデビュタント(新人)なら

- ヴァンドゥーズの基本の基本10ポイント
- デビュタントがよくやる失敗10例

第2章 あなたがコンフィルメ(ベテラン)なら

- パティシエとの連携プレー5例
- ヴァンドゥーズのチームプレー5例

第3章 あなたがシェフ・ヴァンドゥーズなら

- スタッフを教育する時に役立つヒント5例

第4章 こんな時どうする?

- ヴァンドゥーズの問題解決法33例

例 焼菓子とプチガトーを、どうしても一つの箱に入れてほしいと頼まれた場合
例 「甘いものが苦手な人にお勧めの商品は?」と聞かれた場合
例 「すいません、急いでいるんです!」と言うお客様への対応
例 注文伺いの順番を間違えた場合の対応

第5章 スペーサーの技術

- スペーサー使用のポイント
- スペーサーの種類と作り方、使い方

お申し込みはお早めに! 旭屋出版 https://www.asahiya-jp.com

人気店の「山型食パン」の配合＆考え方

イギリス発祥で、「イギリスパン」の名でも知られる山型食パン。角食パンの「角食」に対して、このパンは「山食」の名でも親しまれている。角食パンとの違いは、その形以外に、多くがトーストして食べることと、生地がプレーンだけでなく全粒粉をはじめとした様々な素材を合わせたり、フィリングを包み込んだりしたものがあること。人気店の「山型食パン」を紹介。

ASAMA（アサマ山食パン）

Pain des Philosophes《パン・デ・フィロゾフ》

オーナーシェフ 榎本 哲

個性豊かなパンで人気の、『パン・デ・フィロゾフ』のパン。食パンには使い難い種類の地の粉で食パンに仕上げるために、ブレンドする粉はもちろん、水、発酵種、製造工程、それにパン型までを吟味し、完成させた。

地の中力粉を使用。独自の食感は、老麺のみの、長時間発酵で作る！

1本680円（税込）

ASAMA（アサマ山食パン）

【配合】

- ジュ・フランソワ（星野物産㈱）…60%
- ゆめかおり（柄木田製粉㈱）…20%
- 上州さとのそら（星野物産㈱）…20%
- カンホワの塩…1.8%
- モルト水…8%
- クローバーの蜂蜜…15%
- 老麺…12%
- ヨーグルト…10%
- 牛乳…10%
- 水…33%
- コントレックス…10%
- 発酵バター…12%

【工程】

▶ミキシング

1速3分　2速6分　3速3分
↓（発酵バター）
1速5分　2速で調整
捏ね上げ温度24℃

▶一次発酵

温度20℃・湿度75%で12〜15時間

▶分割

240g

▶ベンチタイム

30〜40分

▶成形

手で丸めて、木枠に2玉入れる

▶最終発酵

温度27℃・湿度75%で2時間前後

▶焼成

上火200℃・下火230℃　最初にスチーム入れて35分

【機器】

- ミキサー…㈱愛工舎製作所　縦型ミキサー
- オーブン…戸倉商事㈱　デッキオーブン

香り高く「ねっちり」の従来の食パンにない食感

『パン・デ・フィロゾフ』は、神楽坂の喧騒から離れた急な坂の途中ながら、パンを求めてわざわざ遠方からお客がやって来る。

「店のパンは、ほとんどが多加水で長時間発酵のパン。自分が美味しいと思う、個性が際立ったものを焼いています。だから、お客様がそのパンを気に入って、わざわざでも買いに行きたいと思う場所に出店しました」とオーナーシェフの榎本 哲さんも言う通り、店に並ぶパンはどれを取っても、個性豊かなものばかり。

「ASAMA（アサマ山食パン）」も、その中の一つだ。

POPには「群馬県産小麦を使用し、軽井沢で生まれた長時間発酵のパン・ド・ミ」と書かれている。かつて榎本さんが軽井沢のあるベーカリーの立ち上げに携わっていた時、地の粉に出会って作ったパンだ。これまでにない個性が気に入り、独立の際にはぜひ出したいと思っていたという。

非常に香り高く、リッチな味わい。そして最も個性的なのが、その食感だ。

「ねっちりとした食感。一般的な食パンをイメージして食べると、かなり〝違和感〟を抱くのではないでしょうか。でも、甘みがあって香りもいい。特に食感が面白い。自分的には美味しいと気に入って作っています。でも、個性が強いので、好きか嫌いかがはっきり分かれるパンだと思います」と榎本シェフ。

地の「うどん粉」を配合。水も工程も型にも工夫を

使用する粉は、長野県産強力粉小麦を石臼挽きにした全粒粉の「ゆめかおり」。「ジュ・フランソワ」は、国内産小麦100％でハード系のパン用粉。美味しくて甘みもある。そして20％配合する「上州さとのそら」は、手打ちうどん用粉。うどん粉、中力粉だ。灰分は0.39、タンパク質は7.9しかない。独特の食感は、この粉によってもたらされているのだ。

中力粉を使うため、フランス産ミネラルウォーターで超硬水のコントレックスを足してミキシングする。

中力粉でグルテンが弱いので、ミキシングでは15分以上かけて捏ねる。捏ね上げ温度が上がらないよう氷を入れたり、粉は厨房より低い温度で保存したり、バターは冷たいまま入れたりと工夫する。季節によって水の温度が違ってくる上に、氷の量の多寡によっても生地の状態が変わる。このため、常に工程を経るたびに生地を確認し、微調整を行う。

最も気を使うのが、一次発酵。20℃で、季節により12～15時間かけて発酵させる。通常の長時間発酵は冷蔵庫の温度帯だから、20℃はかなり高い。しかしそれで過発酵にならないのは、発酵酵母にある。実は、このパンではミキシング時にイーストは加えない。

「直接加えるイーストは使いません。老麺に入っているイーストだけです。老麺の発酵力だけで、ゆっくり発酵・熟成させる。だから20℃なのです」と榎本さん

発酵の度合いがデリケートだから、分割のタイミングに最も気を使うという。

さらに、食パン型でなく木枠に入れ、枠で支えるようにして焼く。スチームを入れて、しっかりと焼き込むのもポイントだ。

トーストしても美味しいが、まずはそのまま食べてほしい。そして、ねっちりとした食感を楽しんでほしいという榎本さん。甘みがあるので、生ハムとの相性も良く、サンドイッチにも合うという。

ハルキタトースト

CONCENT MARKET《コンセントマーケット》

ディレクター 岩井直人

北海道産小麦粉だけで作った、同店の定番食パン。もっちりした食感ときれいな山型に焼き上がる「ゆめちから」で作った湯種に、甘みがある「キタノカオリブレンド」「春のいぶき」を合わせて理想の味、香り、形を作り上げた。

湯種を使って低温長時間発酵。もっちりした定番食パンが完成

1本520円（税別）

ハルキタトースト

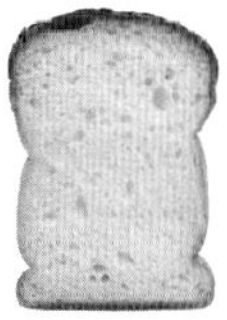

【配合】

●湯種

- ゆめちから（江別製粉㈱）…20％
- 塩…2％
- 熱湯…15％

●本捏ね

- キタノカオリブレンド（江別製粉㈱）…50％
- 春のいぶき（江別製粉㈱）…30％
- 喜界島粗糖…8％
- 脱脂粉乳…5％
- セミドライイースト「リロンデル」…0.52％
- ルヴァンリキッド…10％
- 水…66％
- バター…7％

【工程】

▶ミキシング

1速6分　2速5分
↓（バター）
1速5分　2速5分

▶1次発酵

常温で30分　パンチ

▶冷蔵発酵

冷蔵庫（0～2℃）で14時間

▶分割・丸め

生地温度16℃に戻してから分割。
460ｇ

▶ベンチタイム

38℃のホイロで25分

▶成形

2斤型に2玉入れる

▶ホイロ

温度36℃・湿度75％　70～80分

▶焼成

上火200℃・下火240℃　50～55分

【機器】

- ミキサー…㈱鎌田機械製作所　スパイラルミキサー
- オーブン…三幸機械㈱　Kamado

小麦粉の香りが伝わる、低温長時間の発酵に着目

　2010年に独立開業。オープン当初はまだ珍しかった国産小麦と低温長時間発酵によるパン作りを大切にする岩井直人さん。パン激戦区の兵庫県西宮市の夙川《しゅくがわ》エリアで、舌の肥えたお客を相手に、食事パンから野菜を使った総菜パンなど、多彩なパンを提案する。

　低温長時間発酵を知ったとき「ストレート法でつくるパンとは全然違う」と実感した岩井さん。基本的にはルヴァンリキッドを使い、ひと晩（14時間以上）熟成させて生地を作る。小麦の香味がよく出るのが、低温長時間発酵。小麦一粒一粒にゆっくり水が入っていくので劣化も遅い。

　イーストは、長時間発酵、冷蔵発酵に適したイーストとして開発された「リロンデル」。

「以前は『サフゴールド』を愛用していましたが、より低温長時間発酵に適していると思い、選択しました。活動が遅く、ひと晩かけてゆっくり発酵してくれます」

国産小麦にこだわって、湯種でもっちり仕上げる

　店の主軸となる『ハルキタトースト』は柔らかくてもっちり、ほんのり甘みもある味わいを目指し、北海道産小麦の「春のいぶき」『キタノカオリブレンド』「ゆめちから」の3種を採用。

「非常に甘みがあって伸展性もいいのが『春のいぶき』。さらに甘みが強い小麦粉として開発されたのが『キタノカオリブレンド』です。ただし伸展性がなくもっちり感は出るけどしなやかさがないため『春のいぶき』と合わせて使っています」と岩井さん。

　味を重視して選んだ「春のいぶき」と「キタノカオリブレンド」だけでは、安定性に欠けたため、その解決策として近年超強力粉として注目される「ゆめちから」で湯種を作り、ルヴァンリキッドと併用。理想とするもっちりした食感が叶うほか、窯伸びがよくきれいな山型に焼き上がる。

「湯種と水を足すと加水率は81%、ルヴァンリキッドも半分くらいは水なので全体でいうと加水は86%くらい。教科書通りに作った食パンの加水率は60%台なので、高めです。最近は100%、120%といった多加水パンが話題ですので、それと比べると特別加水は高くありませんが、僕自身はこれくらいがちょうどいいもっちり食感になると感じています」と岩井さん。

素材や配合を吟味し続けレシピは常に進化させる

　小麦の風味を感じるパンを作るため、あらゆる国産小麦の研究にも熱心な岩井さん。〝パンでコミュニケーションをする〟をコンセプトに、お客のニーズも重視しているため、「ハルキタトースト」は常に進化している。

　オープン当初、小麦粉は「春よ恋」のみを使っていたが、より甘さを感じる「キタノカオリブレンド」を見つけてプラスし、「ハルキタトースト」の名前の由来にもなっている。

　お客の流れを見ていると、山型食パンを手に取る人が多かったため、角食パンから山食パンにチェンジ。ただ山型にしようとすると、「キタノカオリブレンド」が想像以上に水を吸い、理想通りに膨らまなかったため、力の強い「ゆめちから」で湯種を作りフォロー。湯種は配分が多すぎると餅のような重たい食感になり、ちょうどいいバランスを見つけるのに1年かかった。現在の「ハルキタトースト」は味、作業性ともに満足しているが、新しい素材がみつかれば、さらに進化させていくと言う。

パン・ド・プルミエ

Boulangerie《ブーランジェリー》 Chez Kazama《シェカザマ》

オーナーブーランジェ　風間豊次

低温でじっくりと長時間発酵させた、全粒粉の酵母を使った山型食パン。もっちりとした弾力と歯応えの中に、ほのかな甘みと酸味が感じられる。同店名物のパンだ。仕込みに時間がかかるため、火・金・土曜日限定で販売する。

70年代から作り続ける、伝統製法による味と香りが人気の名物パン

1斤580円（税込）

パン・ド・プルミエ

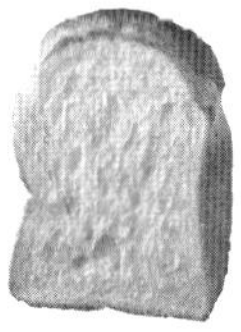

【配合】

スーパーキング（日清製粉㈱）…70%
カメリヤ（日清製粉㈱）…20%
全粒粉の酵母※…10%
ドライイースト…1%
塩…2%
砂糖…2%
練乳…0.2%
モルト…0.3%
無塩バター…4%
牛乳…40%
水…30%

※全粒粉の酵母の作り方
（本捏ねに入る4日前には仕込みを開始する）

1 全粒粉100g、リスドォル100g、塩1g、モルト0.2g、水100gをミキサーボールに入れて、低速で5分回した後、冷蔵庫（適温は20℃）に移して24時間寝かせる。
2 翌日（2日目）、1に「リスドォル」300g、水150gを加えて低速で5分回し、冷蔵庫で10時間寝かせる。
3 3日目には、2にさらに「カメリヤ」300g、水150gを加えて低速で5分回し、冷蔵庫で10時間寝かせる。
4 実際に使用する前には、3の発酵種450gにを取り、「カメリヤ」250g、水220gを加えて低速で5分回し、冷蔵庫で5～6時間置いてから使用する。450gを取った残りの種は、別のパンの仕込みに使う。

【工程】

▶ミキシング
低速4分　中高速　5分
↓（無塩バター）
低速5分
捏ね上げ温度26℃

▶一次発酵
室温で90分

▶分割・丸め
340g

▶ベンチタイム
30分

▶成形
麺棒で丸め直して、3斤型に4玉入れる

▶最終発酵
温度32℃・湿度70%　60分

▶焼成
上火220℃・下火230℃　55分

【機器】
- ミキサー…エスケーミキサー社　縦型ミキサー
- オーブン…栄和製作所　平窯

低温で長時間発酵させる全粒粉を使った酵母作り

造形パンで一躍名を馳せ、多くの有名人を顧客に持つ『シェ・カザマ』風間豊次シェフ。造形パンと並ぶもう一つの目玉商品が、天然酵母を使った「パン・ド・ブルミエ」だ。

この商品は、風間豊次シェフが「DONQ」の工場長を勤めていたときから作っているという、1970年代から作っている歴史あるパン。中種法を用いて、小麦とバターの香りを最大限に引き出すこと、また低温でじっくり熟成させた全粒粉の酵母を使って、弾力と歯応えのある食パンを作り出すことを目指した。

本捏ねの際に用いる粉は、最強力粉「スーパーキング」をメインに、強力粉「カメリヤ」を配合。「スーパーキング」だけにするとパンチがありすぎてサクッと仕上がらないため、「カメリヤ」を20%ブレンドする。

全粒粉の酵母には、フランスパン専用粉「リスドォル」を選んだ。油脂は無塩バターを使用する。微量ながら加える練乳は、なめらかさを出すためにプラスした素材。

中種となる全粒粉酵母は、本捏ね4日前には仕込みを始める。

初日は、全粒粉、「リスドォル」、塩、微量のモルト、水を低速で5分回した後、冷蔵庫（適温は20℃）で24時間寝かせる。2日目は、寝かせた発酵種に「リスドォル」と水を加えて低速で5分回し、再び冷蔵庫で24時間寝かせる。3日目は、発酵種に「カメリヤ」と水を加えて低速で5分回し、冷蔵庫で10時間寝かせる。

こうしておこした発酵種を、本捏ねで使用する前には、発酵種450gに対して「カメリヤ」と水を加えて混ぜ合わせ、5~6時間置く。種おこしから始まって、これだけの段階を踏んで越し、味わい深い食パンができ上がる。

適正な時間・温度管理で生地をしっとり仕上げる

発酵種さえできれば、生地を作り上げる工程はさほど複雑でもない。まずは油脂以外の材料をミキサーに入れ、低速で4分、中高速で5分回す。無塩バターを加えた後は、低速で5分回す。

「ミキシングで生地をしっかりと作り上げることは、美味しいパンを作るために欠かせない作業です」と語る風間シェフ。

室温で90分かけて一次発酵を取った後、通常はパンチを入れるが、生地の温度が高ければパンチ無しで済ませる。

340gに分割し、丸めてから30分ほどベンチタイムを取り、成形に入る。1時間かけて最終発酵を取った後、上火より下火を高めに設定したオーブンで約55分。この時、バターを型の側面にぬって焼き上げる。こうすることで、一段と風味豊かなパンができる。パン作りにおいてシェフがモットーとする、じっくりと時間をかけて熟成させた生地を、こんがりと焼き込めば完成だ。

酵母の仕込みに加えて、ミキシング時の捏ね上げ温度から最終発酵のホイロの温度、オーブンの温度まで、温度管理を徹底させることでが、食パンを美味しく作る上での重要なポイントだ。

全粒粉の酵母を使っているため、焼き上がりは気にならない程度の酸味を持つ。ほんのりと甘みもあって、バターの香ばしい香りが印象に残る。また、しっかりと焼き込んでいるため日持ちもする。

1斤の価格は580円。一般的な食パンの相場を考えると、その倍ほどの価格だが、いつも夕方過ぎには売り切れとなるほど人気がある。

豆乳食パン

Boulangerie Rauk《ブーランジェリー・ルーク》

代表 戸口温善

“京都らしい食パンを”というコンセプトで開発した、豆乳入りの食パン。湯種を使ってモチモチした食感を出したり、耳までソフトに焼き上げる工夫で、幅広い客層に人気だ。そのままでも美味しく食べられる配合と製法が特徴。

豆乳を使い、京都らしい食パンを完成。ダレやすさは、工程で調整

1/2本360円 1本720円（税別）

豆乳食パン

【配合】

●湯種

セイヴァリー（日清製粉㈱）…15%

熱湯…15%

●本捏ね

エコード（日清製粉㈱）…85%

インスタントドライイースト…0.9%

天日塩（鳴門産）…1.8%

上白糖…6%

ショートニング…5%

豆乳…47%

水…25%

【工程】

湯種

▶ミキシング

低速1～2分

▶冷蔵発酵

夏は冷蔵庫で2時間置いてから使用
冬はすぐに使う

本捏ね

▶ミキシング

低速6分、高速3分
↓（砂糖、塩、イースト）
低速2分、高速3分
↓（ショートニング）
低速2分、高速4分
捏ね上げ温度27℃

▶一次発酵

室温で90分　パンチ　30分

▶分割・丸め

220g

▶ベンチタイム

30分

▶成形

丸め直して、食パン型（内寸35cm×11cm×9cm　底34cm×9.5cm）に4玉入れる

▶最終発酵

温度36℃・湿度75%　65分

▶焼成

上火190℃・下火240℃　最初にスチームを入れて35分、焼成後にショートニングを上にぬる

【機器】

- ミキサー…ケンパー社スパイラル型
- オーブン…ボンガード社　M4

湯種で、もっちり感を出した、豆乳入りの食パン

「京都らしさが出る食パンを作りたかった」という『ブーランジェリー・ルーク』オーナーシェフの戸口温善さん。そこで京都の豆腐の美味しさに着目して生まれたのが、この「豆乳食パン」だ。

使用する豆乳は、近隣の豆腐店から仕入れる。絞りたての、味の濃い豆乳だ。市販の豆乳で試したこともあったが、生地がなかなかまとまりづらかったという。

「豆乳食パン」にはこの豆乳を47%使っているが、食べた時には、豆乳の味はほとんどしない。一般的な食パンとの差がどうしても分かりづらいので、戸口さんはこの食パンには湯種を使うことで、もっちり感を出す工夫をした。

湯種は、「セイヴァリー」と熱湯を、低速で1~2分ミキシングしたもの。粉をα化させるだけなので、手捏ねでも構わない。夏は冷蔵庫で2時間ほど置いて使っており、冬はそのまますぐに使う。

湯種の割合はいろいろ試したが、「セイヴァリー」を使う場合には15%が適正と戸口さんは判断した。これは、10%だと湯種特有のもちっとした食感があまり感じられず、20%以上になると、本捏ねのときに生地を練ることができなくなってしまうからだ。

豆乳を配合するからこそ工程にさまざまな工夫を

豆乳を使う上で難しかったのは、生地が混ざりづらいという点だった。当初は水を使わず豆乳だけで作ろうとしたが、全く生地にならなかった。そこで5%ずつ水を入れていき、最終的に豆乳47%に水25%という配合が完成した。

ミキシングにおいても、豆乳を使うからこその工夫がある。それは、材料を入れるタイミングだ。

通常、本捏ねでは油脂以外を全てミキシングすることが多いが、豆乳を使う場合、それでは生地がつながりにくい。

そこで、粉と豆乳、水だけを低速6分、高速3分回してから、砂糖、塩、イーストを加える。そしてさらに低速2分、高速3分回してショートニングを入れ、低速2分、高速4分間ミキシングする。きっちりとミキシングして生地を作り上げることが肝心だ。

そして最も重要なのが捏ね上げ温度。27℃がベストで、これ以上高くなると生地がダレてしまうと戸口さんは語る。

逆に捏ね上げ温度が低くなった場合には、一次発酵を長めに取ることで調整をする。

生地がダレやすいので、生地に力を付け、成形しやすくするために、一次発酵を90分取ったら、パンチを一回入れて30分置く。

成形ではガス抜きをして、やさしく丸め直して型に入れる。生地がすぐに切れてしまうので、あまり生地をいじらないように作業する。

焼成は、上火１９０℃、下火が２４０℃で35分。この配合では砂糖が少し多めのため、上火は低く抑えている。焼成後は上にショートニングをぬる。ショートニングを選んだのは、アレルギー原材料の卵・乳製品を使用したくなかったからだ。

戸口さんは「豆乳食パン」を作る際に、トーストしなくても美味しく、バターやジャムなどを付けなくても美味しく食べられる味づくりを目指した。また、〝耳は固い〟というイメージも無くしたいと考え、全体的にソフトに仕上げるために、生地をあまりいじらずに成形することも心がけている。

その結果、ほんのりと甘くて食べやすく、子供からお年寄りまで幅広く愛されるパンが完成した。

マニトバ・ブレッド

ブーランジュリー オーヴェルニュ

オーナー 井上克哉

井上さんが修業時代に、「カナダ小麦を使った食パンコンテスト」で最優秀賞を受賞した食パン。小麦のうま味や風味をだすため、ポーリッシュ法でじっくりと作る。クラムがしっとりとして、口溶けの良さも魅力となっている。

カナダ小麦のコンテストで入賞。
粉の味わいを楽しませる食パン

1斤227円 1本454円（税込）

マニトバ・ブレッド

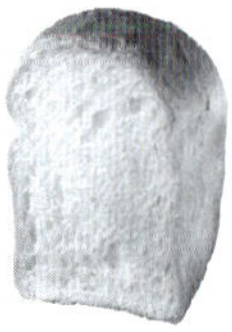

【配合】

●液種

リスドォル（日清製粉㈱）…60%

インスタントドライイースト…0.2%

水…60%

●本捏ね

ビリオン（日清製粉㈱）…40%

インスタントドライイースト…0.4%

塩…2%

モルト…1%

ショートニング…4%

水…15%

【工程】

液種

▶ミキシング

手混ぜ　捏ね上げ温度20℃

▶発酵

温度28℃・湿度75%　3時間
冷蔵庫（5℃）　18時間以上

本捏ね

▶ミキシング

低速3分　高速2分
↓（ショートニング）
低速3分　高速2分
捏ね上げ温度24〜25℃

▶1次発酵

温度28℃・湿度75%　45分

▶フロアタイム

パンチ　室温で30分

▶分割・丸め

210g

▶ベンチタイム

丸め後、20分

▶成形

手で丸め直し、2斤型に4玉入れる

▶最終発酵

温度38℃・湿度85%　1時間20分

▶焼成

上火210℃・下火250℃
最初にスチームを入れて50分

【機器】

- ミキサー…ケンパー社　スパイラルミキサー
- オーブン…ボンガード社　平窯

小麦の特徴が活きるよう配合も工程もシンプルに

「マニトバ・ブレッド」は、2001年に行われた「カナダ小麦を使った食パンコンテスト」に、『ブーランジュリー　オーヴェルニュ』オーナーシェフの井上克哉さんが出品し、最優秀賞を受賞した食パンだ。「マニトバ・ブレッド」の名は、カナダにある小麦の名産地・マニトバ州から取った。

コンテストへの出品を目的に考えたこの食パンのテーマは、カナダ産小麦の味を存分に楽しめること。そのため砂糖や乳製品を使わず、副材料を最小限に抑えたハードトーストにしようと考えた。

井上さんがこのパンに用いた製法は、ポーリッシュ法である。液種で作るポーリッシュ法を用いた場合、生地がしっとりとして口溶けが良く、クラストの薄い食パンに仕上がるからだ。

「ハードトーストだからといって、周りがカチカチに硬いパンは食べにくいので、ポーリッシュ法を選びました。皮（クラスト）が薄く仕上がるので、誰にでも食べやすく、粉のうま味も楽しめるパンになります」と井上さん。

ハード系のパンで良く用いられるポーリッシュ法は、一般的には液種30%前後で作られることが多い。しかし、この「マニトバ・ブレッド」では、60%の液種で作るのが大きな特徴だ。

「最初は液種30%から作り始めたのですが、山型食パンにしようと思うと、どうしても生地の伸びが悪い。そこで、徐々に液種の割合を増やしていって、最終的に60%という配合になりました」と井上さんは言う。

この60%ポーリッシュ法にしたことで生地に力が付き、ボリュームがあって軽い食感のパンに仕上がった。

液種の風味を活かすため低い捏ね上げ温度に設定

液種は、カナダ産のフランスパン用強力粉「リスドォル」60%と、同割の水、フランス・ルサッフル社のインスタントドライイーストを0.2%合わせて作る。その後、ホイロで3時間発酵させた後、冷蔵庫に18時間以上入れておく。少ないイーストで、長時間低温発酵させることで、小麦粉の風味を最大に引き出している。

液種は前日に仕込み、翌朝、本捏ねに入る。本捏ねで使う小麦粉は「ビリオン」。タンパク質や灰分が多く、より粉の味が強い小麦粉を選んだ。

油脂以外の材料をミキシングし、途中で加える油脂はショートニングだ。バターやラードだと風味が強すぎて、粉の味わいを殺してしまうと考えたからである。

生地の全水分量は73%以上にもなり、捏ね上がった生地はかなり柔らかな状態。しかし、扱いきれない状態ではなく、柔らかい分、生地にしっとり感が出せる。

この食パンの製法の中で最も重要視しているのは、ミキシング終了後の捏ね上げ温度。液種の風味が飛んでしまわないよう、やや低めの24〜25℃に設定する。捏ね上げ温度の上昇には注意を払い、季節によっては水温を調節するなどして対処している。

焼成にはフランス・ボンガード社のオーブンを使い、スチームを入れて50分かけて焼き上げる。

山型の上部が割れないことからも分かる通り、ポーリッシュ法を用いた効果でクラストは薄く、クラムはしっとりした、食べやすいハードトーストができ上がる。粉の味わいはもちろん、液種の香りや味わいも加わり、美味しさも増す。トーストして食べると、さらに小麦の香りが引き立ってくる。

ハードトースト

peu frequent《プーフレカンテ》

オーナーシェフ 狩野義浩

トーストして食べてもらうことを意識して作った食パン。牛乳、生クリームなどの乳製品と卵は使わない。砂糖も不使用。フランスパンの生地を角型に入れて焼成するというイメージで作る食パンだと狩野シェフは説明する。

乳製品、卵、砂糖不使用。トーストした時のサクッとした食感を追求

1斤260円 1本520円（税別）

ハードトースト

【配合】

- リスドォル（日清製粉㈱）…80%
- テロワール（日清製粉㈱）…20%
- サフ　ドライイースト…0.5%
- 塩…2.1%
- モルト…0.2%
- ラード…2%
- 水…67.5%

【工程】

▶ミキシング

逆転1分
オートリーズ15分
↓（ラード以外の材料を順次）
低速4分
↓（ラード）
2速2分
捏ね上げ温度22.5～23℃

▶一次発酵

温度28℃・湿度80%　90分
パンチ　90分

▶分割

450g

▶ベンチタイム

35～50分

▶成型

バゲットモルダーを1回通す。
俵型に成型し、角型に2玉入れる

▶最終発酵

温度28～30℃・湿度75～80%
80～100分

▶焼成

上火210℃・下火260℃で入れ、
上火200℃・下火230℃　約42分

【機器】
- ミキサー…ケンパー社
- オーブン…Fujisawaプリンス

12種の食パンは予約注文もあり日に３００本販売

店名の「プーフレカンテ」というフランス語には、「穴場」という意味もあるように、店のある立地は静かな住宅地で、商店や飲食店は周りには少ない。そういった場所で、現在は平日で４５０人、日曜日には６００人ものお客を集めるまでに成長してきた、名古屋で有数の人気パン店だ。

作っているパンのアイテムは１２０〜１５０種類。

オーナーシェフの狩野さんは、作りたいパンの食感・味わいを考えて、18種類もの粉をブレンドしている。このため粉は、６〜７社の製粉会社から仕入れる。

食パンに関しても、メーカーごとの特徴のある粉をブレンドして使っている。

食パンは、現在10〜12種類。食パンは人気があり、だんだん種類が増えてきたため12種類にもなった。１日３００本ほど売れている。お客の多くは予約注文して買いに来る。１人で2本、３本購入するお客も珍しくない。連日、午後にはレジ後ろの棚に、予約客用に取り置いた食パンがずらりと並んでいる状態だ。

店の閉店は19時だが、最後の食パンの焼き上がりは19時。翌日の準備などがあるのでシェフも閉店後も仕事を続けている。そこで、予約してもらえば、23時までパンを受け取れるようにしているのだ。深夜に受け取る食パンでも、19時に焼き上がった、焼き立てに近い食パンというわけだ。

よく乾かして焼く感覚で焼き込んで完成させる！

同店の「ハードトースト」は、フランスパンの生地を角型に入れて焼くというイメージで作っているという。

配合には生クリーム、牛乳、バターなどの乳製品は使わない。砂糖も使わない。

モルトを加えるのはイーストの助成のためと色付けのため。ラードを加えているが、これは手にくっつかないようにするくらいのイメージで加えている。

ミキシングは、まず、小麦粉とモルトと水をケンパー社のミキサーで逆転で1分だけ行う。粉気が残るか残らないかくらい混ぜてそのまま15分置く。

15分置くのは、小麦粉の中の酵素の働きでつながりやすくするため。このとき、塩が入っていると生地をしめてしまうので入れないでまずミキシングする。

15分置いてから、正転の低速で回しながら、ラードと塩以外の材料と、お湯で溶いたドライイーストを加えて低速でミキシングする。混ざったところで塩を加え、全体がなじんできたらラードを加える。

仕上げは2速で2分攪拌。捏ね上げ温度は22.5〜23℃。捏ね上げ温度が低いので、フロアタイムは長く置いて生地の温度を上げていく。フロアタイムで生地の温度が上がりながら、生地のうま味も引き出していく。フロアタイムは90分置いてパンチ１回。そこから90分。

１玉４５０gに分割し、ベンチタイムを置いて、バゲットモルダーを１回通して、俵型に丸めて型に2個詰め、ホイロに入れる。

焼成は、上火２１０℃、下火２６０℃のオーブンに入れてから、上火２００℃、下火２３０℃にして42分。

よく生地を乾かして焼くイメージの焼成だと狩野シェフは言う。焼き込んで、トーストしたときにより美味しくなる食パンを目指している。

湯種食パン

Meisters Backstube KAKINUMA《マイスターズ バックシュトゥーベ カキヌマ》

オーナーマイスター 柿沼 理

柿沼さんは、バター、牛乳を使うパンと使わないパンははっきり区別して作っている。湯種食パンは使っていないもの。ドイツから仕入れるバックフェルメントというサワー種から作る液種で作っているのも大きな特徴だ。

国産小麦の全粒粉の湯種を加え、長時間でもっちり柔らかい生地に

1斤432円（税込）

「石窯レーズン食パン」は、(1本324円「大」562円)。オーガニックのレーズンを使用する。25%以上も入れているので、スライスして食べても「レーズンがいっぱいの食パン」という印象だ。製法は「石窯食パン」と同じだが、分割を1玉110gとし、型に3玉入れて焼成している(「大」の場合は1玉270gを2玉)。

湯種食パン

【配合】

国産中力粉[ナンブコムギ] …48%
液種（粉と水＝1対1）…92%
レーズン種…5%
湯種（全粒粉と熱湯＝1対1.5） …18%
塩…1.5%
オーガニック麦芽…2%
水…7%

【工程】

▶ミキシング

低速4分半　高速2分半

▶一次発酵

温度30℃・湿度80〜85%　60分

▶分割・丸め

270g

▶成形

型に2玉入れる

▶最終発酵

温度30℃・湿度80〜85%
150〜180分

▶焼成

上火230℃・下火230℃　5分
上火210℃・下火220℃　20分
前後反転させて10分

【機器】

- ミキサー…関東混合機工業㈱
- オーブン…㈱ツジ・キカイ　石窯

国産・自家製の素材で、安心・安全・美味を守る

『Meisters Backstube KAKINUMA』は、ドイツパンの店ではない。ドイツでマイスターの資格を習得した柿沼シェフが、国産小麦と天然酵母と石窯で作る店。

食パン、フランスパン、ドイツパンのほか、焼き菓子も作る。共通するのは、安心・安全で美味しく作るということ。

柿沼シェフは1973年生まれ。1993年に大阪あべの辻製パンカレッジを卒業後、1995年にドイツのBackerei Kronmuller で研修。1999年にはBerufshule kuzelsau にてパン職人の資格を取得。2000年にBackerfachschule in Stuttgart にて製パンマイスターの資格を取得。2003年にはMeistershule in Hoppenlau にて製菓マイスターの資格を取得。

2004年に帰国し、2006年に『Meisters Backstube KAKINUMA』をオープンした。

ドイツから直輸入する、バックフェルメントというサワー種用のスターターと、自家培養のレーズン種のみを使用。

小麦粉は国産小麦のみ。全粒粉は石臼で挽いたもの。塩は天然塩、水は浄水器でろ過したものを使用している。さらに、ジャムや小豆あんなども全て自家製。蜂蜜は国産のみ、レーズンは有機栽培のものだけと、「安心・安全」にこだわっている。パンも菓子も石窯（ツジ・キカイ製）で焼く。定番のパンと菓子のほかに月替わりのパン菓子を出すことで、季節感のある店づくりもしている。

小麦粉・酵母・塩・水。シンプル材料の石窯パン

材料を厳選して「安心・安全」なパンづくりをする他に、バターや牛乳などの乳製品を使うパンと使わないパンは、はっきり示させて作っているのも特徴と言える。油脂を使う場合も、ごま油や菜種油を使うようにし、ラードは使っていない。

石窯で焼く「湯種食パン」は、バター、牛乳などの乳製品は使わない食パン。砂糖も使わないで、代わりにオーガニック麦芽を使用する。

液種から作り、これはドイツから直輸入しているバックフェルメントから作っている。レーズン種を加えるが、補助的な役割で配合。以前はレーズン種は加えず、全粒粉と水とを合わせたものの分量を増やして作っていた。吸水もできる限り多くして、柔らかい生地にするようにしている。

オールインワン製法で、低速で4分半、高速で2分半ミキサーにかけて、フロアタイム。パンチなしで60分置く。

その後、分割・成形して湯種食パンは270gを2玉、レーズン食パンでは110gを3玉を型に入れてホイロで最終発酵。

焼成は、全て石窯で用いている。パリッとした外皮に加えて、しっとりした内層と、バランスよく焼ける。

下火230℃、上火230℃で入れて5分焼き、その後、上火210℃、下火230℃に落として20分焼く。そして、前後反転させて10分焼く。糖分を使用していない生地のため、焼き色が薄くなりがちなので、見た目の香ばしさを出すため、焼き色を付けるように気を配りながら窯から出す。

天然酵母パン特有の少し酸味のある生地で、糖分を少なくしているのでねちっとはせず、もちっとしたいい食感の仕上がりが特徴だ。液種づくりから計算すると、焼成して窯から出すまでに18~20時間もかかるが、「他の店の食パンとは違う味」だと理解してくれるお客が増え続けている。

ギャバブレッド

BOULANGERIE LA SAISON《ブーランジェリー ラ・セゾン》

オーナーブーランジェ 西條友起

健康志向を意識した食パンが増える中、米ぬかや胚芽に含まれるアミノ酸の一種「ギャバ」の微粉末を合わせて考案したのが「ギャバブレッド」。米ぬか臭をラードでマスキングするなどして、食べやすいパンに仕上げている。

高栄養価の素材「ギャバ」を使い、
サンドイッチにも合う食パンに

ギャバブレッド

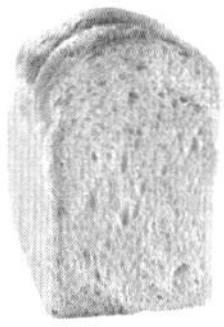

【配合】

- プレミアムK(昭和産業㈱)…95%
- ギャバ200…5%
- サフ　インスタントドライイースト…0.8%
- 塩…1.8%
- グラニュー糖…1%
- ラード…5%
- 牛乳…8%
- 水…75%

【工程】

▶ミキシング

低速2分　高速2分
↓(ラード)
低速1分　高速2分
捏ね上げ温度26℃

▶一次発酵

室温(バンジュウに入れて蓋をする)で60分

▶分割

90g

▶ベンチタイム

30分

▶成形

手で丸め直し、パウンド型(通常より大きめのもの)に4玉入れる

▶最終発酵

温度38℃・湿度70〜75%　1時間

▶焼成

上火215℃・下火230℃　最初にスチームを入れて25分

【機器】

- ミキサー…ケンパー社　スパイラルミキサー
- オーブン…ボンガード社MAデッキオーブン　平窯

ヘルシー素材の「ギャバ」に注目。配合比率に工夫

　半対面販売方式を取っている『ブーランジェリー・ラ・セゾン』では、「お客様の要望に、可能な限り応える」というのがモットー。お客の声に耳を傾けて浮かんだアイデアを素に、月ごとの新商品が生まれている。

　そうした中、〝ヘルシーなパン〟を望む声も以前から多く、パンに使える新しいヘルシー素材を常に探し求めた。

　そうした時に出会ったのが「ギャバ（GABA）」である。ギャバとは、米ぬかや胚芽に多く含まれるアミノ酸の一種のガンマアミノ酪酸。近年、健康志向の人から注目され、特定保健用食品も数多く出回っている。

　その栄養価の高い「ギャバ」を使ったパンを作ってみようと思ったのが、きっかけだ。また、「ギャバをパンに利用している店は少ないはず」と、目新しさや差別化の意味でも、目をひく商品にできるのではないかというのが、今回試作した理由である。

　西條さんが業者から紹介されたのは、米ぬかや胚芽の部分だけを微粉末にした「ギャバ200」。最初の試行錯誤となったのは、その配合比率だった。

「20％くらいからスタートしたのですが、ぬか臭さがかなり残ってしまいました。少しずつ配合を減らして行き、最終的には5％でも、香ばしい玄米の特徴が充分に出ましたので、この配合に決めました」という西條さん。

　こうして、強力粉95％にギャバ5％という粉の配合が決定した。強力粉は「プレミアムK」。品質が良くて価格も安いことから、他の食パンにもこの粉を使用している。

　材料の配合で特徴的なのは、塩分や糖分を控えめにしているところ。ヘルシーを謳うパンであるがゆえ、塩分や糖分にも配慮したいと考え、塩は1.8％、グラニュー糖は1％という配合にした。

　油脂に関しては、基本の食パンではショートニングを使うが、このパンにはラードを使用した。

「バターやマーガリンではギャバの風味には合わないし、ショートニングでは面白みがない。それでラードを使ってみたところ、相性が良かったようです」

　玄米の風味に濃厚なラードの味わいが良く合い、パンにコクが出るのと同時に、ぬか独特の臭みを抑え、感じさせない効果もあった。

しっとりと重量感があり サンドイッチ用パンにも

「ギャバブレッド」の製法は、基本の「食パン」同様、オーソドックスなストレート法を採用している。スパイラルミキサーで低速2分、高速2分。ラードを入れて低速1分、高速2分と、ミキシング時間はやや短めだが、充分に生地は捏ね上がる。

　その後、室温で60分発酵を取り、パンチを入れずに分割に入る。ややクセのある味わいのパンなので、1個90gの分割量で、1本当たり360gの小型にしている。

　焼き上がった「ギャバブレッド」は、少ないイーストでパンチも行っていないため、目の詰まった重量感のある生地に仕上がる。噛みしめるごとに、玄米の味わいが口に広がっていくのが魅力だ。

　このパンは、サンドイッチに向くという西條さん。

「周りのクラストがしっかりしているので、薄く切りやすい。しかも、生地がしっとりしているので、具材を挟みやすいのです」

　サンドイッチでは、例えばポテトサラダのように重量がある具材が向くという。

グラハムブレッド

Boulangerie Chez Kazama《ブーランジェリー　シェカザマ》

オーナーブーランジェ　風間豊次

グラハム粉を50％配合したシンプルな配合と、基本に忠実な製法ゆえに、サクッと軽い食感や粒々感、特有の香りが出る。バターとの相性が良く、同店ではサンドイッチにも使用。ヘルシー志向の女性客や外国人に人気だ。

軽めに仕上げて、グラハム粉の
歯応えと粒々の食感を魅力に！

1斤360円（税込）

グラハムブレッド

【配合】

グラハム粉(日本製粉㈱)…50%
カメリヤ(日本製粉㈱)…50%
ドライイースト…1.5%
塩…2%
砂糖…3%
無塩バター…4%
水…70%

【工程】

▶ミキシング

低速5分　中高速5分
↓(無塩バター)
低速3分　高速2分
捏ね上げ温度26℃

▶一次発酵

室温で60分　パンチ　30分

▶分割・丸め

430g

▶ベンチタイム

30分

▶成形

麺棒で丸め直して、3斤型に3玉入れる

▶最終発酵

温度34℃・湿度70%　50分

▶焼成

上火220℃・下火230℃　60分

【機器】

- ミキサー…エスケーミキサー㈱　縦型ミキサー
- オーブン…㈱常和製作所　平窯

クセのあるグラハム粉で軽い食感を楽しむパンに

ヘルシーさが魅力で、若者からお年寄りまで年代を問わず女性に人気の「グラハムブレッド」。

グラハム粉は、外皮も胚芽も含めて全粒のまま挽いた小麦粉なので、ビタミン、アミノ酸、食物繊維が豊富。その一方で、独特の風味を苦手とする人も多いのも事実だ。『シェ・カザマ』では、品質や状態が非常に安定しているという日清製粉の「グラハム粉」を使用する。

本書ではグラハム粉50％使用の「グラハムブレッド」を取り上げるが、同店ではそれ以外にも、夏季を除いてグラハム粉１００％のパンも作っている。

後者は中種法で長時間発酵させて作り、半量のグラハム粉に水と微量のイーストを加えてひと晩置く、といった仕込みが必要になる。グラハム粉１００％のパンは〝どっしり〟とお腹にたまり、食べにくいと感じる人もいるが、ここで紹介する50％だとそれほど違和感もなく、グラハム粉特有の風味も楽しめるという。

生地のダレやすさを考え混ぜすぎず寝かせ過ぎず

グラハム粉と半々の割合で使用するのは「カメリヤ」。これら2種類の粉以外に使用する材料は、ドライイースト、塩、砂糖、バター、水といたってシンプルだ。

「いろいろな食材を入れて複雑に凝ったものではなく、基本となるレシピに忠実に作っています」と、風間豊次シェフ。

まずは無塩バター以外のすべての材料をミキシングする。通常の強力粉を使った生地と比較して、グラハム粉入りの生地はダレやすいので、くれぐれもオーバーミキシングには注意すること。

低速で5分、中高速で5分回した後、無塩バターを投入して低速で3分、さらに高速で2分回す。

「美味しいパン作りのためには、ミキシングで生地をしっかりと作り上げることが欠かせない」と風間シェフ。それと合わせて、26℃の捏ね上げ温度を守り、発酵においては温度と湿度と時間の管理を徹底させることが大切だという。

一次発酵は作業性を考え、ホイロではなく室内での常温発酵を取る。一次発酵を終えた後、分割作業に入る。生地の状態によっては、分割前にもパンチを入れるが、一次発酵をしっかりと取れば、分割前のパン地は必要ない。逆に、パンチを入れることで生地が痛むこともあるので、入れないほうが良いと考えている。

グラハム粉が持つ、粘り気が少ないという性質が影響し、グラハム粉入りの生地を寝かせすぎると生地がダレてしまう。したがって、フロアタイムとベンチタイムでは生地の寝かせすぎには充分に注意している。分割・丸めでは、第一に生地を傷めないよう配慮することも大切だ。

バターをぬった型に生地を3玉入れて、温度34℃・湿度70％のホイロに移して約50分最終発酵を取る。その後、上火２２０℃・下火２３０℃の窯で焼成する。

焼き上がった「グラハムブレッド」は、サックリと歯応えがあり、グラハム粉の粒々した食感や香りも楽しめるのが、最大の魅力。糖分は3％なので、ほのかに甘みが感じられる程度だ。

バターとの相性も良く、トーストしてバターをぬって食べても美味しいし、サンドイッチにも良く合う。同店では、チーズやサーモン、ツナなどの具材を挟んで「グラハムサンド」として販売。サンドイッチとして売ることで、食べ方の提案にもつながっている。

ハードトースト

boulangerie onni《オンニ》

オーナーブーランジェ　近賀健太郎

香り高いバターの香りとコクが魅力。見た目にも個性的で人気なのが、同店の「ハードトースト」だ。ホシノ天然酵母種を使い、長時間発酵により熟成感を引き出す。そして窯入れ前のひと手間により、独自の魅力を作り出す。

オーバーナイトで熟成。焼成前の〝ひと作業〟で食感と香りを個性化

1本510円（税込）

ハードトースト

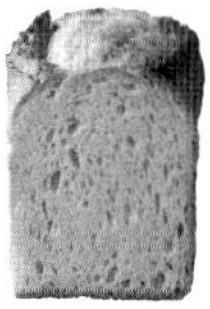

【配合】

黄金鶴（星野物産㈱）…100%	
きび糖…3%	
藻塩…2.2%	
ホシノ酵母…8%	
無塩バター…4%	
水…60%	

【工程】

▶ミキシング

L5分
↓（無塩バター）
L5分
捏ね上げ温度24℃

▶一次発酵

22〜25℃（季節によって変動）
オーバーナイト12時間以上

▶分割

600g

▶ベンチタイム

60分以上

▶成形

手でナマコ型に整え、ワンローフ型に入れる

▶最終発酵

温度30℃・湿度80%　60分以上

▶焼成

窯入れ前に上部にクープを1本入れ、棒状に切った有塩バター10gをのせる
上火190℃・下火200℃で35分
スチームあり

【機器】
- ミキサー…愛工舎製作所㈱　60コート縦型ミキサー
- オーブン…三幸機械㈱　平窯KAMADO 1枚3段

クープを入れ、バターをのせて焼く個性派食パン

お客の好みに広く合わせたいと、様々な個性の10種類の食パンを揃える『ブーランジェリー オンニ』。この「ハードトースト」も、独自の個性が光るパンだ。

「ハードトースト」は、見た目から他店の食パンと違う。ワンローフ型で焼いたこのパンは、山型の上部の生地が開いている。しかも、近づくとバターのコクと香りが漂う。それもそのはずで、このパンは窯入れ前に上部にクープを1本入れ、棒状の有塩バターをのせてから焼成しているのだ。

バターの香ばしい香りのため、そのままでもトーストしても、何をぬらなくても美味しいのが、このパンの特徴といえる。朝の食卓を豊かに楽しみたいお客が、このパンを楽しみに同店に訪れる。

『ハードトースト』は、独立した当初から作りたかったパンです」というのは、オーナーブーランジェリーの近賀健太郎さん。発酵酵母はホシノ天然酵母のみで、イースト類は使わない。

「ホシノ天然酵母は米由来の発酵酵母で、お米に馴染んだ日本人の舌に合う。生地自体が美味しいのです」と近賀さん。ただ、工程時に他のパンと異なり、しかも食パンは窯を独占してしまうため、店で出せなかった。そこで作業を整備・見直しし、開業から2年後の2017年頃から、ようやく出せるようになったという。

22～25℃で、12時間以上発酵させ、香りと食感を

使う小麦は、群馬県産の「黄金鶴」。国内産の特殊強力粉で、風味がよく食パンにも向く粉だ。この粉を100%で作る。

さらに、国産の素材で作る食パンにしたかったので、塩はまろやかな味わいを出せる愛媛の藻塩、砂糖はコクのある国産のキビ糖を使う。それにホシノ天然酵母とバターに水。材料は最小で非常にシンプルなのが、同店の「ハードトースト」の特徴といえる。

ストレート法で作る同店の「ハードトースト」は、32ページの「ゆめちから食パン」同様に朝一番で焼いて店に並べられるよう、ミキシング後はオーバーナイト発酵を行う。ただし冷蔵庫ではなく、店では厨房のスペースを区切り、冷房を入れ放しにした22～25℃の部屋に置いて、ひと晩発酵させる。

長時間かけての発酵だが、発酵温度は冷蔵庫を使う場合に比べて高めだなのが特徴。これはイーストなどよりも発酵力の弱い酵母を使うので、この温度帯でも過発酵にはならず、目指す状態にまでゆっくりと発酵が進み、熟成した香りと味を引き出すことができる。

さらに、酵母の活性化が止まる温度帯より上の温度に置くことで、朝、芯まで冷たくなった生地の温度を上げる作業が省け、店に来たら即、分割作業に入ることができる。その後、ベンチタイム、成形、最終発酵、焼成と、2時間半ほどで焼成を終え、店に並べることができるのも利点だ。

「このパンは、ふんわりとした食感ではなく、もちもちの食感。それでいて、皮はバリッとさせたかった」と近賀さん。

そのため型は、食パン型ではなく比較的小型のワンローフ型にした。そして発酵を取ったら生地上面にクープを入れ、そこに有塩バターをのせて焼くという今のスタイルになった。窯から出したら、バリッとしたクラストとバターの香り、そしてクラムはもちもちで、米由来の発酵酵母のどこか懐かしい香りの「ハードトースト」の完成だ。

ライ麦パン

とらやベーカリー
オーナーシェフ 森岡 進

自家培養のレーズン種を使い、中種法で作るライ麦入りの食パン。レーズン種を若い段階で使用することで、酸味を抑えた食べやすい味わいのパンに仕上げている。油脂の代わりにオリーブペーストを使う点も特徴だ。

ライ麦粉の酸味を抑え、甘みを最後まで味わえるようにしたパン

ライ麦パン

【配合】

●中種	
昭和産業F（昭和産業㈱）…30%	
ライ麦（日清製粉㈱）…20%	
水…45%	
レーズン種※…3%	
●本捏ね	
昭和産業F（昭和産業㈱）…50%	
ゲランドの塩…2.3%	
レーズン種…4%	
水…32%	
オリーブペースト…5%	

※レーズン種
オイルコーティングしていないオーガニックのレーズン400g、黒糖100g、水750g、蜂蜜40gを合わせ、28℃のホイロで4～5日間寝かせたもの。

【工程】

中種

▶ミキシング
1速5分
捏ね上げ温度20℃

▶発酵
18℃ 6時間　4℃ 12時間

本捏ね

▶ミキシング
1速3分
↓（オリーブペースト）
2速5分
捏ね上げ温度16℃

▶一次発酵
16℃ 18～22時間

▶分割・丸め
400g

▶ベンチタイム
15分

▶成形
手で丸め直して、3斤型に3玉入れる

▶最終発酵
温度26℃・湿度75%　3時間

▶焼成
上日180℃・下火220℃　45分

【機器】
- ミキサー…㈱愛工舎製作所　縦型ミキサースパイラルフックを使用
- オーブン…タパイエ社　平窯

レーズン種の不安定さを中種法で補い、香り良く

ライ麦粉を使ってさっぱりとした食パンを作りたい、と考えた『とらやベーカリー』シェフの森岡さん。天然酵母を取り入れ、長時間発酵で生地を作り、酸味の少ない食べやすいライ麦粉入りの食パンを開発した。

ライ麦の持つ甘みを、食べ終わりまでしっかりと味わえるのが魅力のこのパンは、食事パンとして食べても美味しいが、サンドイッチに使っても良く合うという。中でも魚介のフィリングとの相性が良いそうだ。

イーストは一切使わず、天然酵母だけで発酵させるからこその不安定さは、中種法でカバー。

中種の材料は、「昭和産業F」30%と細挽きのライ麦粉20%、自家培養のレーズン種、水。これらを合わせて1速で5分間ミキシング。この場合は全ての材料が混ざれば良いので、ミキサーではなく、ゴムベラなどで全体にダマがなくなるまで混ぜても良い。発酵の取り方は、18℃で6時間発酵させてから、温度を4℃に下げて12時間ゆっくりと発酵させる。

ライ麦粉の配合を20%に決めた大きな理由は、ライ麦粉の性質を考えてのこと。同店のライ麦パンは加水率が84%と高く、ライ麦は水分を抱える力が強いので、20%以上配合すると、どうしても生地が水分を抱えすぎた状態になり、歯触りも食感も悪くなってしまうからだ。

天然酵母は、自家培養のレーズン種を使う。オイルコーティングしていないレーズンを選び、黒糖、蜂蜜、水と合わせて28℃のホイロに4〜5日入れておく。泡がたくさん出る状態になったら使用できる。時期によっては3日〜1週間のズレがあるので、様子を見ながら調整する。保存は冷蔵庫で1週間を目安にしている。

また、レーズン種は小麦粉を継ぎ足さず、若い段階で使用することを心掛け、ライ麦の酵母特有の酸味を出さないよう注意する。

短時間ミキシングに加え長時間発酵で作り上げる

本捏ねの材料の特徴は、油脂の代わりにオリーブペーストを使うことにある。オリーブはライ麦粉との相性が良く、生地にも馴染みが良いことから、使っている。

「昭和産業F」、塩、レーズン種、水をミキサーボールに入れ、1速で3分回す。続いて、オリーブペーストを入れて2速で5分。合計8分とミキシング時間は短時間で仕上げる。天然酵母を使っているため、捏ね上げ温度は10℃と低め。この温度を保ったまま、18〜22時間ゆっくりと一次発酵を取る。この時間の管理が、パンの良し悪しを左右する大切な工程となる。

４００gに分割してベンチタイムを取り、成形の作業に入る。成形時、生地がダレるのを防ぐために、中に芯を作るように押し丸めていく。ただし、生地が非常に切れやすいので、丁寧に作業する必要がある。

最終発酵は温度26℃・湿度75%のホイロで3時間。ホイロを長く取るためにも、成形時に芯を作るような感覚で作業することが必要となる。

焼成前に、生地玉の上にクープを1本ずつ入れる。これは、イーストを使わず天然酵母だけで生地を作っているから。長時間発酵させても、あまり窯伸びしないので、生地が力強く立ち上がるように切れ目を入れている。

オーブンは１８８ページでも解説したように、天井高がないため、上火は１８０℃と低めに設定。下火は２２０℃で45分焼く。

はるゆたか食パン

BOULANGERIE TOAST《ブーランジェリー トース》

オーナーシェフ 土屋正博

味わいや安全性の面から、国産小麦粉を使ったパンが人気を集めている。この食パンも、お客の要望から生まれた国産小麦粉100%の商品。ポーリッシュ法で粉の美味しさを引き出し、クセのないシンプルなパンに仕上げた。

味にこだわりを持つ客層に好評。
国内産小麦100%で作るパン

1斤400円（税別）

はるゆたか食パン

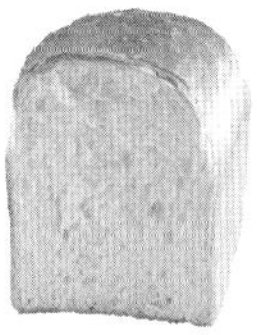

【配合】

●液種

ジャパネスク(日清製粉㈱)…30%

インスタントドライイースト…0.1%

水…30%

●本捏ね

ジャパネスク(日清製粉㈱)…70%

インスタントドライイースト…0.5%

クレム・ドゥ・ルヴァン…5%

塩(シママース)…2.1%

SG糖…2%

全脂粉乳…1%

モルトシロップ…0.2%

無塩バター…4%

水…35%

【工程】

液種

▶ミキシング

手混ぜ
捏ね上げ温度22℃

▶発酵

温度27℃・湿度80%　2時間
冷蔵庫(5℃)　15時間〜

本捏ね

▶ミキシング

低速2分　中速5分
↓(無塩バター)
低速1分　中速3分
捏ね上げ温度25℃

▶一次発酵

温度27℃・湿度75%　40分
パンチ　40分

▶分割・丸め

250g

▶ベンチタイム

30分

▶成形

手で丸め直し、2斤型に2玉入れる

▶最終発酵

温度30%・湿度80%　60分

▶焼成

上火210℃・下火240℃　最初にスチームを入れて35分

【機器】

- ミキサー…関東混合機工業㈱　スパイラルミキサー
- オーブン…㈱東京コトブキインダストリー　電気オーブン

フランスパンの風味と、歯触りの食パンを目指す

食の安全面への意識の高まりから、『ブーランジェリー・トースト』でも数年来、原材料の安全性に対するお客からの問い合わせが非常に増えたという。特に小麦粉に関しては、国産小麦が広く使われるようになり、「国産小麦を使ったパンはないのか」といった問い合わせが多く寄せられた。そうしたお客からの要望に応えるべく、オーナーシェフの土屋正博さんが作ったのが、国内産の小麦粉を100%使った食パン「はるゆたか食パン」だ。

土屋さんがこの食パンの販売に踏み切ったのは、良い粉との出会いがあったからだという。「ジャパネスク」は、北海道産小麦100%の小麦粉。小麦の風味豊かで窯伸びも良く、老化が比較的遅いのが特徴だ。

この国内産小麦の美味しさを最大限に引き出すために、土屋さんが取り入れた製法は、ポーリッシュ法である。

「この粉は灰分が若干多く、小麦独特の風味や雑味が魅力となります。その美味しさを引き出し、ハード系のパンのようにシンプルに味わってもらいたい。それで、ポーリッシュ法にしました」

土屋さんは、この食パンは山型にしたいと思った。あっさりとして、フランスパンのような独特の風味や歯触りのあるパン。パリパリとした外皮を付けて、トーストにした時により美味しく食べられるようにと考えた。

ミキシングは控え目にし量感よりも風味を重視！

液種は、前日に仕込む。「ジャパネスク」30%に同割の水、ドライイースト0.1%を手捏ねし、捏ね上げ温度22℃にする。室温に2時間置いた後、冷蔵庫で15時間以上、または室温でさらに2時間置いて発酵させる。同店では通常、冷蔵庫で低温発酵させて小麦の風味を引き出している。

翌朝から本捏ねに入る。まず、油脂以外の材料をミキシング。ミキシングには、ハード系パンと同様のスパイラルミキサーを使う。短時間でしっかりとミキシングし、グルテンを出す。ミキシング時間は、基本の食パン生地に比べるとやや控え目だ。

「この食パンは、ボリューム感よりも風味を大事にしたい。強めのミキシングでボリューム感を出して軽めの食感にするよりも、あえてボリュームを抑え、歯応えのある重みを味わっていただきたい」と土屋さん。

また、基本の食パンにも使う「クレム・ドゥ・ルヴァン」を、この食パンの本捏ねの際に加える。発酵種特有の風味を付けるためだ。

一次発酵は40分。パンチを入れて、さらに40分発酵。発酵時間を若干でも短縮できるのも、液種の利点でもある。分割重量は250gで、2斤型に2玉入れる。

「山型パンの場合、3斤型だとどうしても中央の1玉の火の通りが良くない。全体に均一に火が通るよう、あえて2斤型にしました」と土屋さん。

オーブンにスチームを入れて、35分間焼成した「はるゆたか食パン」は、外皮がパリパリとして、クラムにしっとり感がある。

この食パンの一番のポイントは、液種をひと晩置いて「熟成」させること。熟成により、小麦のうま味が存分に引き出される。

「この食パンはポーリッシュ法で作るので老化が遅く、3日間ぐらい美味しさが維持できるのも魅力です」と土屋さんは語る。年配客や、味にこだわりを持つお客から評判を集めている。

安納芋と林檎の豆乳パンドミ

pointage《ポワンタージュ》

ブーランジェ 中川清明

有機大豆を使った豆乳入り生地に、季節の具材や個性的な具材を巻き込んだ、食べ応えのある食パン。食べ応えがあって、ヘルシー感もある。具材に耐えうるしっかりとした生地にするため、中種法を用いている。

甘い具にも塩辛い具材にも合う
生地を使用。健康的なな食事パン

1斤420円 1本840円(税込)

安納芋と林檎の豆乳パンドミ

【配合】

●中種

ベルムーラン（丸信製粉㈱）…40%

インスタントドライイースト…1.8%

上白糖…10%

水…42%

●本捏ね

ベルムーラン（丸信製粉㈱）…60%

塩…2%

砂糖…3%

発酵バター…6%

無添加ショートニング…2%

豆乳…35%

具材（生地420gに対して）

安納芋（蒸したもの）…150g

リンゴ（カルヴァドスに漬け込んだもの）…150g

【工程】

中種

▶ミキシング

材料をボールに入れて手捏ねする。
捏ね上げ温度30℃

▶発酵

室温（25℃前後）で約1時間寝かせる

本捏ね

▶ミキシング

1速2分　2速5分
↓（発酵バター、
　無添加ショートニング）
2速5分
捏ね上げ温度26℃

▶1次発酵

室温で30分

▶分割・丸め

420g

▶ベンチタイム

30分

▶成形

麺棒でのばし、具材を入れて巻き、ワンローフ型に1玉入れる

▶最終発酵

温度30℃・湿度85%　50分

▶焼成

上火200℃・下火210℃　35分

【機器】

- ミキサー…㈱愛工舎製作所　縦型ミキサー　スパイラルフックを使用
- オーブン…ミベ社　平窯

栄養があってヘルシーで お腹も満足できる食パン

「豆乳パンドミ」は、豆乳入りの生地にさまざまな具材を巻き込んだ食事パン。

「毎日忙しく過ごすサラリーマンやOLさんをはじめ、多くの方々に少しでも体に良いパンを食べてもらいたいという思いから開発しました」と語る『ポワンタージュ』の中川清明オーナーシェフ。さまざまな具材で栄養分を補給し、なおかつ充分な満足感が得られて、食事代わりになる食パンを目指したという。

有機大豆を使用した豆乳を加えたのも、食事としてのパンを意識したことと、栄養学的な観点を大切にしたかったこと、それに、少し変わったパンにしたかったからだという。

「同じ生地でも、色々な具材を楽しんでもらうパンにしたいと思っていました。そのため、油脂や砂糖の量を控え、具材が甘くても塩辛くても合う生地にしてあります」と中川さん。

定番の具材は「黒糖と黒豆」「安納芋と林檎」などで、夏は「桃と生姜」、秋は「栗と小豆」など、中に入れる具材を変えることで季節感を出すものもある。

ここでは、「安納芋と林檎」を紹介する。

具材は生地に練り込まず 生地でしっかり巻き込む

「豆乳パンドミ」は、中種法で作り上げるパンだ。68ページの「角食パン」でも述べたように、ミキシング時のバターを入れるタイミングが重要となるストレート法とは対照的に、中種法はそのタイミングが多少ずれても、でき上がりに大きく影響することはない。

また、豆乳を加えてもダレずにしっかりとした生地が作れて、そこそこ日持ちもするといった利点もある。「豆乳パンドミ」には色々な具材を巻き込むので、失敗なく安定した生地を作りたかったことから、中種法を採用した。中種にも本捏ねにも使用する粉は、「ベルムーラン」。中種には、粉は全量のうち40％を用いる。

本捏ねでは、「ベルムーラン」の残り60％と、豆乳、中種、塩、砂糖をミキサーボールに入れてミキシングを開始する。1速で2分、2速で5分回したら、発酵バターと無添加ショートニング（トランス脂肪酸不使用）を加えて、2速で5分回して終了だ。捏ね上げ温度は26℃。

68ページの「角食パン」と違い、一次発酵は27℃前後の室内で常温発酵させる。これはホイロのキャパシティもあるが、生地に中種を加えたことで、ホイロを使わなくても安定的で充分な発酵力を得られるからだ。

中種を用いで充分発酵させているので、パンチも必要なし。1玉４２０gに分割した後、生地を丸め、30分ベンチタイムを取る。

成形に当たっては麺棒で生地を広げ、そこに具材を入れて巻き込む。具材は生地に練り込むのではなく、生地で巻き込むのもポイントだ。

「ミキサーで回すと具材が型崩れしてしまい、生地に色がついてしまう上、具材の食感を感じさせにくくなりますから」と中川さん。

安納芋は、甘くなるように蒸したもの、リンゴはカルヴァドスに漬け込んだものを使用することで、それぞれの甘みを強調し、同時に食感も楽しませる。

成形した生地はワンローフ型に入れ、ホイロに移して最終発酵を取る。最終発酵は温度30℃・湿度85％で50分。その後、上火２００℃・下火２１０℃のオーブンで約35分焼成する。

グラハム

peu frequente《プーフレカンテ》

オーナーシェフ 狩野義浩

その名の通り、極粗挽きのグラハム粉を使い、じっくりと焼き上げた山食パン。香り高く、しっとりした喉越しの生地に出来上がるのが特徴で、サンドイッチにも合うし、トーストしなくても美味しく味わえると人気だ。

グラハム粉を使い、しっとりと
口溶けの良い味わいを実現した

1斤300円 1本600円（税別）

グラハム

【配合】

- スーパーキング（日清製粉㈱）…60%
- グラハム粉…20%
- スーパーカメリヤ（日清製粉㈱）…20%
- 生イースト…2%
- 塩…2%
- 砂糖…6%
- 脱脂粉乳…3%
- バター…3%
- 水…54%
- 仕込み水…24%

【工程】

▶下準備

グラハム粉は、10℃の室温のところで、仕込み水に18～24時間浸漬しておく

▶ミキシング

逆転1分
正転4分
↓（バター）
正転3分　2速2分30秒
捏ね上げ温度24℃

▶一次発酵

温度28℃・湿度80%　60分
パンチ　60分

▶分割

250g

▶ベンチタイム

20分

▶成型

モルダーに1回通す。俵型に成型し、比容積4.0の型に4玉入れる

▶最終発酵

温度28～30℃・湿度80%　60分

▶焼成

上火190℃・下火240℃　約45分

【機器】

- ミキサー…ケンパー社
- オーブン…Fujisawaプリンス

口溶けや喉越しの良さを重視したパン作りを行う

『プーフレカンテ』オーナーシェフの狩野義浩さんは、パン作りにおいて口溶けの良さや喉越しの良さを重視する。

「グラハム」を作り始めたのも、しっとりしたでき上がりを考えてのこと。全粒粉を加えた栄養価の高いこのパンは、健康志向のお客や、年配層の人たち、同店で人気のパン・ド・ミに食べ慣れたお客に食べてほしいと、しっとりとした食感と喉越しの良さを魅力にした。

実はこのパン、使用する粉に国産小麦を仕入れて自店で石臼で挽いた全粒粉を配合していたが、国産小麦の品質や入荷量が安定しないことから、品質も流通も安定的なグラハム粉に切り替えた。石臼挽きだと粉の粒子は相当粗くなるが、切り替えるにあたって、それと同じほどの粗さのグラハム粉を探し、以前と変わらぬ仕上がりにできたという。

さらにグラハム粉には、「スーパーキング」と「スーパーカメリヤ」をブレンド。「スーパーカメリヤ」は上品な感じを出すため。「スーパーキング」は穏やかなイメージをプラスするため。

製粉会社ごとの商品コンセプトを理解し、ブレンドしながら自分のイメージする生地を狩野シェフは作っていくのだという。

捏ね上げ温度は少しだけ高めにし発酵時間を短く

「グラハム」の作り方は、まず、グラハム粉を仕込み水で18時間～21時間浸漬させておくことからスタートする。雑菌が繁殖しないよう、浸すのは温度を10℃に保った涼しい場所で行う。

浸漬させたものは、翌日、本捏ねに。バター以外の材料を合わせ、ミキサーの逆転で1分。正転にして4分。バターを入れて3分。続いて2速で2分30秒。捏ね上げ温度は24℃に設定している。

他の食パン、たとえば、ハードトーストの捏ね上げ温度は22.5～23℃なので、グラハムの捏ね上げ温度は若干だけだが高め。24℃というのは、一般的な捏ね上げ温度では低めだが、同店では高めのほうになる。

グラハム粉で生地に味わいがすでにあるので、捏ね上げてからフロアタイムで時間を長く置くと味わいが濃くなり過ぎる。またフロアタイムを長くとると、全粒粉パンらしい歯切れのいいサクサク感も乏しくなる。そこで捏ね上げ温度を他のパンより若干高めにし、フロアタイムを短くする。

フロアタイムは60分置いて、パンチ1回で60分置く。ちなみに、144ページで紹介したハードトーストは「90分のパンチ1回の90分」で60分短い。

1玉250gに分割し、ベンチタイム20分。分割では、生地への負担軽減のため、スケッパーより切れる建築用の板刃を使う。

モルダーには1回通して俵型にし、比容積4.0の型に4玉入れてホイロにかける。

焼成は上火190℃、下火240℃で、45分かけてじっくり焼く。焼き上がった「グラハム」は、トーストしなくても喉越しの良い全粒粉のパンに仕上がるので、サンドイッチにも利用できる。

ちなみに、同店ではカスタードクリームをはじめ、カレーパンのカレーも自家製。デニッシュに使うマロンペーストも自家製。

自信を持って全てのパンを提供したいという誇りと、何を使っているかをお客から尋ねられても自信を持って答えられるようなものだけしか出したくないというこだわりを守り続けている。

田舎食パン

富士山の溶岩窯の店 seasonfactory パンの実
店主 諏訪原 浩

国産小麦の甘さが楽しめる、同店で1、2位を争う人気食パン。小麦粉だけでなく、塩や砂糖、水までをブレンドする細やかなこだわりや、材料に地元に関連した食材を取り入れたりと、様々な魅力を詰め込んだ食パンだ。

魅力食材と溶岩窯で、小麦の甘みともちもち感を出す。人気食パン

1斤250円 1本500円（税込）

田舎食パン

【配合】

春よ恋（㈱増田製粉所）…50%
ハルユタカ（江別製粉㈱）…40%
兵庫麦（㈱三輪）…10%
ドライイースト…0.6%
塩（沖縄産「シママース」とオーストラリア産「NATURAL LAKE」を同割でブレンド）…2%
砂糖（奄美諸島産サトウキビ100%使用の「喜美良」1、種子島産の洗双糖9の割合でブレンド）…6%
脱脂粉乳…4%
ビタミンC…0.1%
紅麹粉末…3%
無塩バター…3%
牛乳…65～68%

【工程】

▶ミキシング
低速2分
↓（ドライイースト）
中速3分
↓（無塩バター）
低速2分
↓（塩）
中速4～5分
捏ね上げ温度26℃

▶一次発酵
室温で60分

▶ベンチタイム
パンチ　10分

▶分割・丸め
200g

▶成形
手で丸め直し、2斤型に4玉入れる

▶最終発酵
温度29℃・湿度75%　2時間

▶焼成
上火195℃・下火205℃で22分

【機器】
- ミキサー…関東混合機工業㈱　縦型ミキサー
- オーブン…㈱櫛澤電機製作所　溶岩窯

独自性の高いブレンドとストーリー性のある食材

「田舎食パン」は、シンプルで飽きの来ない味わいを目指した食パンで、小麦粉の甘みを味わってほしいと考えた商品。『パンの実』のテーマでもある、健康や安全面、かつ美味しさを意識した、厳選材料で作り出される。

　小麦粉は、甘みが強く小麦の素朴な味を伝えやすい「春よ恋」を中心に、47ページで解説した同様の理由で3種類の粉をブレンド。この3種類の中で特徴的なのが、兵庫県産の地粉だ。

　店主の諏訪原さんは、使用する食材はなるべく地産地消を心がける。これは、地の産物でのパンづくりを理想とする思いを土台に、地域に関連した材料を使うことで、少しでもお客に興味を持ってもらうという目的や、商品を印象付ける効果を考えてのこと。

　砂糖に関しても、洗双糖と奄美諸島産のサトウキビ１００％の「喜美良」をブレンドするが、奄美諸島産はお店のある兵庫・西宮の提携都市。市の広報で知り、この砂糖の使用を決めたという。

　塩もブレンドして使う。沖縄産の「シママース」と、オーストラリア産のミネラル分が高く甘みのあるオーガニック塩「ナチュラルレイク」を同割出会わせている。この2つは、甘みと辛さの対比を考えた選択でもあるが、塩の結晶の大きさの対比も考慮したと諏訪原さん。結晶の大きなものだけでは、結晶同士の間に隙間ができやすいが、ここに小さな結晶を組み込むことで、味のバラ付きを防止でき、より安定した商品を作ることができるという。パン店を始める前は、薬品会社に勤めていた経歴を持つ諏訪原さんは、このような化学的な思考を取り入れた試みも行っている。

溶岩窯の高い水分保持力で、しっとりもちもちに

　同店は、関西初の富士山の溶岩窯の導入店。焼き上がったパンに水分をいかに多く含ませているかを一つのキーワードとして掲げる諏訪原さんのパンづくりには、この溶岩窯の役割はとても大きい。

　溶岩窯は、遠赤外線効果で焼成時間がオーブンの半分程度に短縮でき、結果、水分を逃さずしっとりもちもちのパンを焼き上げることができるのだ。

　同店では現在、食パンには全て国産小麦を用いているが、いずれは全てのパンに国産小麦の導入を考えており、もっちりとした食感が出せる国産小麦の特徴も、溶岩窯で活かすことができる。

　仕込み水は、水道水を磁気に通してアルカリイオン水にし、ミネラルウォーターとブレンドして使用する。作業性よりも完成時の保湿にこだわり、生地の風味が飛ばないギリギリの水分量を加える配合にしている。またイーストも、水分が入りやすいという理由でドライイーストを選んだ。

　国産小麦は、以前に比べれば品質の安定が進んだが、まだ1袋ずつに波がある粉だと諏訪原さん。そのため、温度・湿度を踏まえた上で水加減を行っても、実際にミキサーボールの中での状態の見極めが必要になるという。ミキシングの際には、44ページの「紅麹食パン」と同様に材料を加える順番にも注意している。

　その他のポイントとしては、成形は手で行い、あえて目を揃えずに気泡が小さいものと極小を作って空気の含み方を変えることで、より風味を高めている。また、最終発酵は温度29℃・湿度75%のホイロで2時間行うが、バターの融点が30℃なので、これ以上温度を上げないように注意する。

休日のブランチ

Pain de Nanosh《パンドナノッシュ》
代表取締役 関谷勝美

ゆったりとした休日に味わう食パンをイメージした、時間をかけて作る週末限定のスペシャルなパン「休日のブランチ」。シルクロードレーズンを用いた天然酵母のフルーティーな香りを感じる、さっくりと軽さのある食パンだ。

自家製酵母で、5日間かけて製造。充実した朝の味わいを提案する！

休日のブランチ

【配合】

●中種

TYPE　ER（江別製粉㈱）…40%

ぶどう液※…30%

蜂蜜…0.3%

モルト…0.2%

●本捏ね

香麦（美瑛産100%を指定。江別製粉㈱）…60%

塩（天塩）…2.1%

きび砂糖…2.3%

蜂蜜…0.2%

脱脂粉乳…1%

モルト…0.3%

無塩バター…3%

水…33%

※ぶどう液
グリーンレーズン150gと水900gを合わせ、4日間寝かせたもの。

【工程】

中種

▶ミキシング

低速2分　中速2～3分
捏ね上げ温度22～23℃

▶発酵・熟成

ボールに入れて1日寝かせる。初めは常温で、種が上がってきたら揺らすとストンと落ちる寸前で冷蔵庫に入れる。

本捏ね

▶ミキシング

低速2分　中速3分
↓（無塩バター）
低速2分　中速3分
捏ね上げ温度25～26℃

▶一次発酵

室温で2時間　パンチ　1時間

▶分割・丸め

217g

▶ベンチタイム

室温で1時間

▶成形

のばして2回折りたたんでナマコ形に整え、3斤型に端から6玉詰める

▶最終発酵

温度30℃・湿度65%　5時間

▶焼成

上火210℃・下火230℃　最初にスチームをいれて30分

【機器】

- ミキサー…㈱愛工舎製作所　縦型ミキサー
- オーブン…㈱櫛澤電機製作所　浴岩窯

Pain de Nanosh

パンドナノッシュ

グリーンレーズン酵母でフレッシュな香りを出す

「休日のブランチ」は、通常の食パンよりやや特別な素材と、この食パンだけに使用する自家製酵母を用いて、合計5日間と手間ヒマをかけて作った贅沢な食パン。

耳はパリッと薄くて引きがあり、生地はさっくりと軽い食感を持つパンだ。その名の通り、ゆっくり起きた休日のブランチに食べることをイメージして作られたもので、普段とはちょっと違う特別なパンを皆で食べて豊かな気持ちになり、充実した休日をスタートしてもらいたいという、オーナーシェフの関谷さんの思いを込めて提案するパンだ。

このパンの大きな特徴となるのが、グリーンレーズンの「シルクロードレーズン」を用いて作る自家製酵母。種継ぎはせずに、使い切りで使用する点が、美味しさのポイントだと関谷さん。使い切りにすることで、焼き上がりにレーズンのフレッシュでフルーティーな香りが漂うパンに仕上がるのだという。

工程の大枠は、以下の通り。

4日間かけて自家製酵母を作り、この酵母を使って中種を作って1日寝かせ、翌日に本捏ねに入るという流れだ。自家製酵母を使用するため、中種を使って安定させる製法を取っている。

中種には、「TYPE　ER」を使用する。北海道産100%の国産小麦で、ハード系に向く粉だと関谷さん。精製度が低く味があり、風味が高いのが特徴である。

この粉に、自家製レーズン酵母、生地の栄養分となる蜂蜜とモルトを加え、低速2分、中速2～3分ミキシングし、捏ね上げ温度22～23℃と低温で仕上げることが重要となる。その後は、夏は4時間、冬は6時間ほど発酵させ、種が上がってきたら冷蔵庫でひと晩熟させて生地をつなぎ、安定性を高めて翌日の本捏ねに入る。

長時間発酵による熟成で小麦のうま味を引き出す

本捏ねには、同じく北海道産小麦100%の「香麦」（美瑛産と産地指定したもの）を用いる。砂糖は精製されていないきび糖を使用。2.3%の配合量では、精製されたものと比べても実際にはそれほど味の差は分からないが、特別感やこだわりの思いとして選択したものだという。

モルトと蜂蜜は、中種同様に生地の栄養分として加え、香りと風味を高めるために脱脂粉乳とバターを入れている。

天然酵母種を使用したパン作りの場合、イーストのパンに比べて全ての工程において生地への影響が大きく出るので、より一層一つの工程への慎重さが大事になると関谷さん。

加えて、長い発酵時間を取るのも、このパンの魅力を作る大事な工程。一次発酵は途中でパンチを入れて合計3時間。分割後に1時間。最終発酵では5時間寝かせる。捏ねて生地を作るというよりは、ゆっくりゆっくりと発酵させて、生地に自分たちでつながってもらい、熟成させて粉のうま味を出すような感覚で行う。

また、さっくりとした食感に仕上げるため、成形は手で行う。あえて目を均一にせず、空気が抜けていない部分を作って軽さを出すこともポイントだ。分割時の丸めの際も、ぎゅうぎゅうに詰めすぎないようにし、焼成時はスチームをたっぷり入れて耳もバリッと仕上げる。

きれいな山型に焼き上げるのにもコツがあり、型に詰める時に端から詰めることで、均一に発酵して形良く仕上がるという。

食パン

とらやベーカリー

オーナーブーランジェ　森岡 進

加える水と牛乳の分量が合計90％と、高加水率のオリジナル山食パン。一次発酵は20時間と長時間を取り、5段階に温度を変えながら生地を作っていく。中はもちっと、皮はサクッとした食感が魅力となっている。

吸水率90％で長時間発酵させて、サクサクもちもちの食感を出す

食パン

【配合】

- 昭和産業F（昭和産業㈱）…100%
- インスタントドライイースト…0.15%
- ゲランドの塩…3%
- 甜菜糖…3%
- 水飴…4%
- バター…5%
- 牛乳…60%
- 水…30%
- 老麺…10%

【工程】

▶ミキシング

▶ミキシング
1速5分　2速10分
↓（バター）
1速3分
捏ね上げ温度16℃

▶1次発酵

18℃ 6時間　4℃ 6時間　10℃ 3時間　16℃ 3時間　20℃ 2時間

▶分割・丸め

420g

▶ベンチタイム

15分

▶成形

手で丸め直して、3斤型に3玉入れる

▶最終発酵

温度26℃・湿度75%　4時間

▶焼成

上日180℃・下火250℃　45分
上火180℃・下火200℃　12分

【機器】
- ミキサー…㈱愛工舎製作所　縦型ミキサースパイラルフックを使用
- オーブン　タパイエ社　平窯

作業合理性と質の両方を実現。加水率90％のパン

　シンプルで力強いパンづくりを心掛けている『とらやベーカリー』オーナーシェフの森岡さん。同店が提案する「食パン」の最大の特徴は、加水率を90％にし、焼成時に水分を逃していく手法で、皮はサクサク、中はもちもちとした食感を出していること。これにより、素材の風味もしっかりと出るという。

　森岡さんは、水分を90％も入れるために、いろいろな工夫をした結果、小麦粉は「昭和産業F」を使うことで、この配合が実現できたという。

　加水のうち、水は30％。残りの60％は牛乳を使う。水の割合を高くしてストレートな味わいにするよりも、乳成分の風味を感じるパンにしたいと考えたためだ。

　砂糖は甜菜糖を使用してマイルドな甘さを出し、水飴を加えることで保湿性を高めて、生地の伸びを良くした。

3段階の温度調節を行い20時間の一次発酵を取る

　ミキシングは、バター以外の材料を1速で5分、2速で10分回す。バターを入れたら、1速で3分回す。

　加水率が高いこともあり、生地が非常にタプタプの状態になっているので、ミキシングの際に生地をしっかり掴めるように、ミキサーのフックはスパイラルフックを使用した。さらに、ミキサー全体の回転速度を20％下げて、通常よりさらに回転速度を落とした状態で使用し、ゆっくりと材料を合わせていく。

　捏ね上げ温度も重要だ。温度が高いと生地がダレてしまうので、捏ね上げ温度は16℃とかなり低め。そのために、仕込み時の厨房の温度を低くして、生地が16℃以上にならないよう配慮する。仕込み水を冷たくすると、生地のでんぷん質が水分を吸わなくなるため、室温で加減して、目標の捏ね上げ温度に持っていく。

　一次発酵では、温度を3段階に分けて、ドゥコンディショナーで20時間発酵させる。湿度はビニールを掛けて75％に保つ。

　最初は18℃で6時間置いて発酵を進める。それから温度を4℃まで下げて、6時間ほどじっくりと熟成させていく。その後、10℃、16℃、20℃と、徐々に温度を上げていくが、これは生地と外気温との温度差をなくすため。温度差があると、生地の表面に影響が出てしまうため、生地の中と表面の温度を同じにするために、外気温に合わせて計8時間かけて徐々に温度を上げながら調整していくことが大切だと、森岡さんはいう。

　この発酵時間の取り方は、作業の効率にも配慮したもの。毎朝オーブンに合わせて食パンが焼き上げられるように計算されている。

　分割は１玉４２０gで、ベンチタイムは15分。吸水率が高いので、1玉の重量がある。

　成形にも大切なポイントがある。最終発酵の時に生地がダレてしまわないように、中に芯を作る要領で押し丸めて、ラグビーボールのような形にするという点だ。ガスは抜かずにうま味を逃さないようにした。

　焼成の工程では、使用しているオーブンは中の天井が低く、天井から跳ね返る上火が強く影響するため、上火は１８０℃と低めに設定。スチームを入れる必要はなく、合計57分と焼成時間はしっかりと取る。最後の12分間は、下火を２５０℃から２００℃に落として焼くことで、トーストした時にも耳まで美味しく食べられるようにした。

ハードトースト

CONCENT MARKET《コンセントマーケット》

ディレクター 岩井直人

材料は小麦粉、水、酵母、塩の4つだけ。定番食パンの「ハルキタトースト」と差別化するため「なるべくシンプルな配合で作りたい」とバターも砂糖も入れない。ポーリッシュ法により、山食パンとして理想的な形に仕上がる。

材料は小麦粉、水、塩、酵母だけ。
小麦の風味で勝負したハード系

1本520円（税別）

ハードトースト

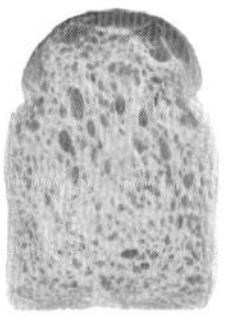

【配合】

●液種
- TYPE ER（江別製粉㈱）…40%
- ロイヤルストーン（横山製粉㈱）…10%
- 「サフ レッド」…0.2%
- 水…48%

●本捏ね
- ジェニー（日本製粉㈱）…40%
- TYPE ER（江別製粉㈱）…10%
- 塩…2.1%
- 「サフ レッド」…0.4%
- ルヴァンリキッド…10%
- 水…20%

【工程】

▶ミキシング
1速4分40秒　2速20秒

▶1次発酵
常温30分　パンチ

▶フロアタイム
15分

▶分割・丸め
230g

▶ベンチタイム
15分

▶成形
2斤型に4玉

▶ホイロ
温度28℃・湿度65%　2時間半～3時間

▶焼成
上火210℃、下火250℃　30分

【機器】
- ミキサー…㈱鎌田機械製作所　スパイラルミキサー
- オーブン…三幸機械㈱　Kamado

パン素材の4要素のみで山型食パンづくりに挑戦

現在、『コンセントマーケット』で販売している食パンは、湯種で作るもっちり柔かい「ハルキタトースト」と、この「ハードトースト」の2種。過去には黒糖味など色々な味付けをした食パンも用意していたが、限られたスペースを有効活用するため、この2種に絞ったという。

「ハードトースト」は、毎日の食事パンとして愛される「ハルキタトースト」とタイプの異なる食パンとして考案。卵、砂糖、乳製品は使わず、フランスパンと同じ小麦粉、水、酵母、塩の4つの素材のみで作る。

「一般的なハードトーストには砂糖や油脂を入れますが、パンの4大要素だけでシンプルに作ってみたかった」と岩井さんは言う。

苦労したのは、窯伸びの悪さ。これまでの経験上、角食パンより山食パンの方がお客の人気が高かったため、このハードトーストも山食パンにするつもりだったが、最初はなかなか山型に膨らまなかった。

試行錯誤した結果、たどり着いたのがポーリッシュ法だ。水和されて種と小麦がしっかりつながっているため、本捏ねの時間が短くて済み、風味もよくなる。

液種に使う小麦粉は、数種類の国産小麦粉をブレンドした「TYPE ER」と石臼挽きの「ロイヤルストーン」。「ロイヤルストーン」は、岩井さんが国産小麦を好きになったきっかけにもなった「春よ恋」１００％のものを選んでいる。

『TYPE ER』は小麦の風味が強いのが特徴。『ロイヤルストーン』は小麦の皮も入っていて、こちらも小麦の風味が豊か。シンプルな材料で作るハードトーストだからこそ、より小麦の味わいが感じられるものを選びました」と岩井さん。

イーストは、安定性を考えビタミンCが入っている『サフ　レッド』を採用。「ハルキタトースト」で使っているセミドライイーストの「リロンデル」を使ってみたが、かなり生地の状態がいい場合でないときちんと焼き上がらなかったため、こちらにした。

小麦を際立たせるため、ポーリッシュにひと工夫

ポーリッシュの作り方はオリジナル。ポーリッシュは通常2～3時間ほど常温発酵させたらすぐ使えるが、ゆっくり発酵させるため18℃という少し低めの温度で手混ぜを止め、常温で5割程度発酵させてから冷蔵庫に入れて、ひと晩かけて徐々に発酵が進むように計算している。

またポーリッシュは20～30%使うのが主流だが、岩井さんは風味を重視し50%に。ひと晩冷蔵庫で寝かせ、しっかり風味を出したポーリッシュ種をフランスパン用に開発された「ジェニー」、ポーリッシュにも使用した「TYPE ER」と合わせている。

「ハードトースト」は砂糖などが入っていない分、上火が２１０℃、下火が２５０℃と高めに設定し、しっかり焼き色がつくよう工夫した。オーブンは三幸機械のKamado。焼床板を御影石にして蓄熱性を高めている。

「パン職人である以上、素材を吟味し続けるのは当たり前」だと明言する岩井さん。「もっと伸びやすい小麦粉を使い、イーストの量を増やせば簡単に作れますが、『ロイヤルストーン』を使いたかったし、イーストの量もできるだけ抑えたい。作業性よりも、小麦の風味をいかに引き出すかに重点を置いてパン作りをしています」

大地の恵

Bon Vivant《ボン ヴィボン》

オーナーシェフ 児玉圭介

「雑穀が入っていても食べやすい食パン」がテーマ。ハード系パンに使う自家製ルヴァンリキッドを加えることで、美味しい雑穀食パンに仕上げた。発芽玄米の粒々感もアクセントとなり、従来の食パンに新たな魅力を添えている。

ルヴァンリキッドを効果的に使い、
しっとりうま味のある雑穀パンに

1斤400円（税別）

大地の恵

【配合】

- セイヴァリー（日清製粉㈱）…80%
- マルチシリアルD25S（ゼランディア社）…20%
- ルヴァンリキッド※…10%
- 生イースト…2%
- ピュアナチュラル碧…0.1%
- 塩（シママース）…2%
- 三温糖…4%
- 無塩バター…5%
- 水…65%
- 発芽玄米…25%
- 白ごま（トッピング用）…適量

※ルヴァンリキッドの作り方

1 ライ麦全粒粉20gと水20gを合わせ、室温（27℃）で3日間置く。

2 1にライ麦全粒粉70gと30℃の温水40gを合わせ、室温で24時間置く。

3 2の種150gと「リスドォル」（日清製粉㈱）300g、27℃の温水140gを合わせ、12時間置く。

4 3が1.5～2倍に膨張したら（1.5～2倍に膨張しなかった場合は、手順3を再度やり直す）、「リスドォル」1680gと24℃の温水3400gを入れて、12時間発酵させる。

5 4が2倍に膨張したら、15℃の冷蔵庫に12時間入れて完成。

【工程】

▶ミキシング

低速3分　中低速5分　中高速3分
↓（無塩バター）
中低速4分　中高速2分
↓（発芽玄米）
中低速1分
捏ね上げ温度26.5℃

▶一次発酵

温度27℃・湿度78%　50分

▶フロアタイム

パンチ　室温で20分

▶分割

250g

▶ベンチタイム

20分

▶成形

モルダーに2回通し、3斤型に6玉入れる

▶最終発酵

温度36℃・湿度75%　50分

▶焼成

白ごまを上にふり、上火190℃・下火230℃で42～43分

【機器】

- ミキサー…関東混合機工業㈱　縦型ミキサー
- オーブン…㈱東京コトブキインダストリー　電気オーブン

雑穀を20％も混ぜながら皆が食べやすい食パンに

『ボンヴィボン』でオープン時より提供しているという「大地の恵」は、穀物と発酵玄米の入ったシリアル食パン。

穀物入りのパンというと、ドイツパンのように硬くて酸味のあるパンを想像する人が多い。オーナーの児玉さんは、何とかこのイメージを払拭し、体に良い穀物パンを毎日美味しく食べられるようにしたいと考え、開発に至った。

児玉さんが選んだ雑穀シリアル粉は、オランダ産の「マルチシリアル D25S」。10種類の雑穀が入ったミックス粉で、麦芽糖・オーツ麦フレーク・亜麻仁・小麦ふすま・オーツ麦ふすま・ひき割り大豆が入っている。多種類の雑穀がバランス良く含まれており、それぞれの穀物の複雑な美味しさが楽しめる。この「マルチシリアル D25S」は、20％を配合。毎日食べてもらいたいパンなので、雑穀の割合が高いと食べにくいと考え、この配合になった。

ベースになる強力粉の「セイヴァリー」は、タンパク質や灰分が豊富に含まれている粉。ミネラル分が多く粉のうま味があり、タンパク質が多いため窯伸びも良い。そうした点で、この粉を選んだ。

さらに「発芽玄米」も配合しているのが特徴。ヘルシー食材として知名度があり、一般に広く知られるようになった食材を加えることで、より一層、体に良いパンというイメージを高めた。

フランスパン生地に使うルヴァンリキッドを配合

ヘルシーなだけでなく、美味しさも重視した雑穀パンを作るまでには、様々な苦労があった。

「うま味や香りがあって、適度にソフト感のあるパンにするにはどうしたら良いか。いろいろ考えた結果、ルヴァンリキッドを加えることにしました」と児玉さん。

ライ麦全粒粉から1週間かけておこしたルヴァンリキッドは、ハード系のパンに使っている。これを10％加えたところ、ボリュームが増すと同時に、ルヴァン種特有のうま味も出すことができた。

「ルヴァンリキッドを入れることとで発酵力が高まり、特に縦伸びする力が強くなりました。それに、生地の保湿性も増し、雑穀入りでもパサつかずにしっとり感が持続します」と児玉さん。

普通の食パンにルヴァンリキッドを使うと、どうしても独特の臭みが際立ってしまう。しかし、このパンの場合は、雑穀の風味で発酵臭がほど良く抑えられ、ルヴァンのうま味やしっとり感も効果的に用いることにも成功した。

製法はストレート法だ。油脂と発芽玄米以外の材料を、縦型ミキサーで低速で3分、中低速で5分、中速で3分しっかりとミキシング。ここで8割ぐらい生地を作っておく。

その後、バターを入れて中低速で4分、中高速で2分回し、発芽玄米を加える。発芽玄米は真空パックのもので、粒々感が残るよう中低速で1分間回してミキシングが終了する。

その後、ホイロに50分入れて一次発酵。ここでしっかり発酵させておけば、後の生地はブレることが少ない。この後、生地に力を付け、軽くソフトな食感にするためにパンチを入れる。分割してベンチタイムを取り、成形、最終発酵を経て、白ごまをふって焼成する。

雑穀を20％ブレンドしているので、きちんと雑穀の味わいがありながら、しっとりとソフトな食感も楽しめる。児玉さんが目指した通りの、ヘルシー雑穀食パンに仕上がった。

人気店の「角食パン」「山型食パン」 索引: 使用小麦粉別

●星野物産		
サンクドオテル	088	イワンブレッド
ジュ・フランソワ	124	ASAMA（アサマ山食パン）
上州さとのそら	124	ASAMA（アサマ山食パン）
黄金鶴	160	ハードトースト
●昭和産業		
ブルチァーレ	064	食パン
プレミアムK	092	食パン
	152	ギャバブレッド
昭和産業F	164	ライ麦パン
	188	食パン
●奥本製粉		
ヘルメス	030	ゴールド食パン
	108	黒糖食パン
ベストン	036	ゴールド食パン
パンセ	052	マスカルポーネ入り湯種食パン
●日東富士製粉		
スリーグッド	048	ムッシュブレッド
	060	アカリブレッド
	088	イワンブレッド
●丸信製粉		
ベルムーラン	068	角食パン
	172	安納芋と林檎の豆乳パンドミ
●横山製粉		
ロイヤルストーン	072	白神の幸
	192	ハードトースト
キラリッチ	100	白神生クリーム食パン
●増田製粉所		
春よ恋	044	紅麹食パン
	180	田舎食パン
●小田象製粉		
KISA	056	角食ホワイト・角食ブラウン
●前田農産食品		
ゆめちから	072	白神の幸
●熊本製粉		
クラウンレジェンド	076	ミルキーブレッド
●平和製粉		
キタノカオリ	084	すがもトースト
●アグリシステム		
モンスティル	100	白神生クリーム食パン
●柄木田製粉		
ゆめかおり	124	ASAMA（アサマ山食パン）
●三輪		
兵庫麦	180	田舎食パン

人気店の「角食パン」「山型食パン」 索引: 製法別

天然酵母パンの技術教本

『パン工房 風見鶏』福王寺明著

天然酵母を使いこなす「新視点」の技術で、パンづくりをもっとラクにする。

ホシノ天然酵母や自家培養天然酵母の起こし方、扱い方の解説をはじめ、基本のパンと天然酵母の応用法、リッチなパン、風見鶏オリジナル和風パンなどの配合と製法を紹介する。

■A4判128ページ　3675円（税込）

バラエティーパンの教科書

6種類の生地から生まれる26の生地・45のパンを紹介

おからパン／ごぼうスティックペコリーノ／グリーンカレーパン／野菜のベーグル／酒かすのガレット／ういきょうのパン／かぼちゃのトゥルビヨン…など45種類のバラエティパンのレシピ

スプレッドやソースの作り方も解説

■A4判172ページ　定価2625円（税込）

■ 定価:本体**2,800**円+税
■ B5ワイド判　204頁

好評発売中!!

生地・焼成の基礎と 40種以上の食パンを詳しく解説──。

新・食パン教本

㈲JBT・サービス テクニカルアドバイザー　中川一巳　著

ベーカリーショップの売れ筋である「食パン」のみをテーマに多彩に編集。基本の技術をはじめ、多様に生地を工夫したり、具材を入れて焼き上げたりするなど全部で40種以上も。基本の食パンとして「直捏法(ストレート法)」「中種法」「発酵種法・ポーリッシュ法」「湯種法」、さらにホテルブレッドや独自製法の天然酵母食パンのほか、フランス食パンなど生地の変化で異なる食パンの技術を解説。またクルミ入り、ニンジン入り、わかめ入りなどの具入り食パン、ライ麦入り、全粒粉入り、黒米入り、国産雑穀入りなどのシリアル系食パン、デニッシュ食パン、餡食パン、ストロベリー食パン、コーヒー食パンなどのアレンジ系食パンをわかりやすく説明している。

[主な構成]

準備編　食パン作りにおける基本の考え方と注意点

第1章　基本的な食パンの作り方

直捏法/発酵種法・中種法/
発酵種法・ポーリッシュ法/湯種法/
ホテルブレッド/天然酵母食パン/フランス食パン/
国産小麦粉「香川の大地」を使った食パン　ほか

第2章　果物・木の実・野菜入りの食パン

レーズン入り/かぼちゃ入り/クルミ入り/胡麻入り/
ニンジン入り/わかめ入り/さつまいも入り

第3章　シリアル系食パン

ライ麦入り/全粒粉入り/11種のグレイン入り/米粉入り/
黒米入り/国産雑穀入り/胚芽入り/コーン入り/
粗挽きふすまを加えた小麦粉「ブラウワー」入り

第4章　アレンジ系食パン

デニッシュ食パン/オレンジピール入りデニッシュ食パン/
レモンピール入りブリオッシュ食パン/ちぎりパン/
餡食パン/ストロベリー食パン/コーヒー食パン/
チョコレート食パン/紅茶食パン/豆乳食パン/
黒糖食パン/抹茶食パン/竹炭食パン/ラウンド食パン
(「大納言鹿の子豆」「チーズ」「メープル」「チョコ」)ほか

お申し込みはこちらまで　旭　屋　出　版

〒160−0005　東京都新宿区愛住町23番地2　ベルックス新宿ビルII 6階
販売部(直通) TEL : 03−5369−6423　http://www.asahiya-jp.com

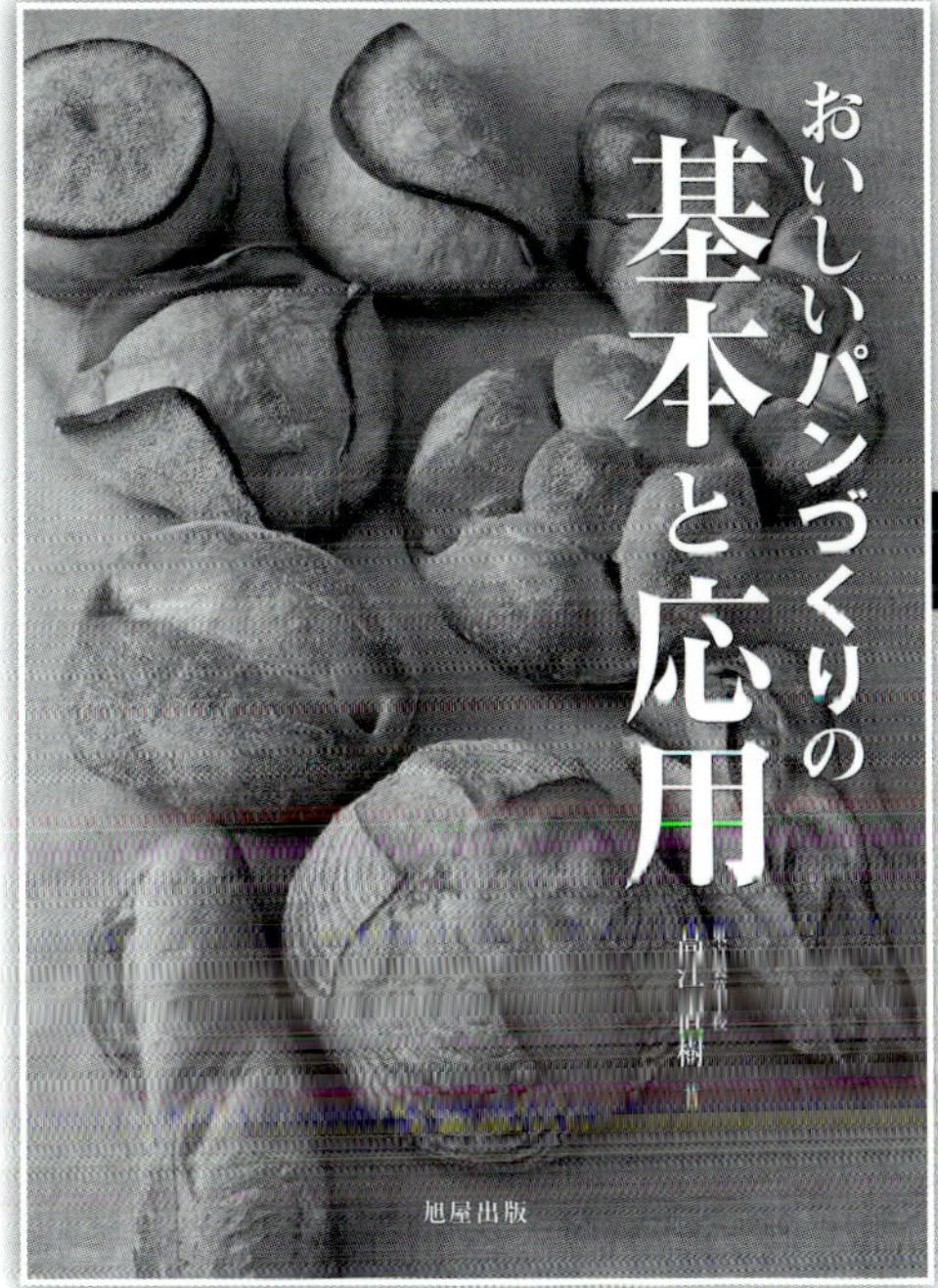

■ 定価：本体**2,500**円+税
■ B5ワイド判　184頁

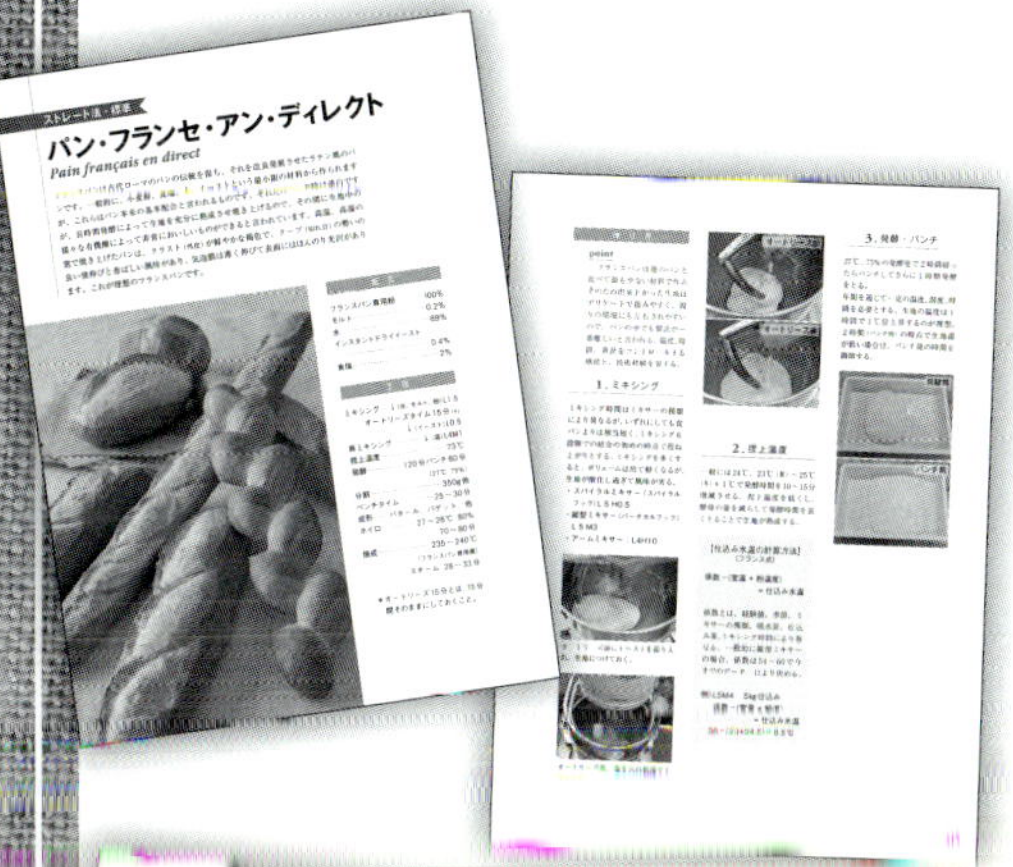

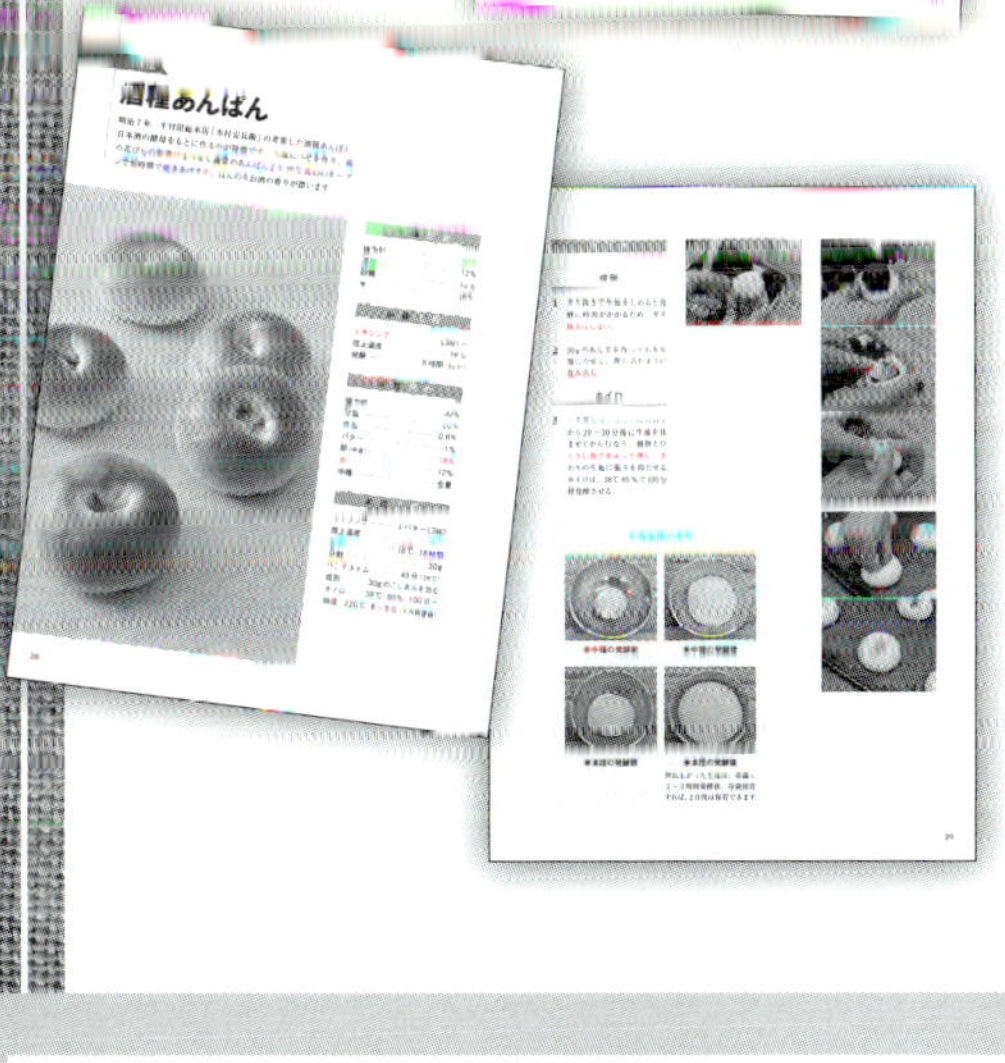

おいしいパンづくりの基本と応用

東京製菓学校　高江直樹 著

製パン・製菓の伝統校である東京製菓学校パン科の人気講師であり、TVチャンピオンで優勝したこともある高江直樹氏による、多様なパンの技術書。本格的なフランスパンやクロワッサンから、シュトーレン、ブリオッシュ、あんパン、メロンパンなどまで、幅広いパンの作り方を解説している。さらに自家製酵母のおこし方と製パン法も説明している。パンづくりの基本的な作り方から本格的な技術まで学べる一冊である。

解説している主なパン

- ★バターロール
- ★ホワイトロール
- ★あんぱん
- ★抹茶クリームメロンパン
- ★クレーム・オ・カフェ
- ★フォカッチャ
- ★酒種あんぱん
- ★クロワッサン
- ★マングー
- ★ブリオッシュ・ア・テット
- ★ガレット・イタリエンヌ
- ★タルト・フランベ
- ★パネトーネ
- ★クリストシュトレン
- ★ワンローフ食パン
- ★イギリスパン
- ★プルマン食パン
- ★胚芽玄米ブレッド
- ★コーヒーレーズンブレッド
- ★モーンシュトレン
- ★キャラメルマロン
- ★クロッカン
- ★パン・ド・カンパーニュ
- ★手捏ねフランスパン
- ★長時間法フランスパン
- ★ブノワトン
- ★ロゼッタ
- ★パン・ド・カンパーニュ・シュル・ルヴァンリキッド
- ★パン・リュスティック・オリジナル
- ★ロッゲンミッシュブロート
- ★シュロートブロート
- ★ヴァイツェンミッシュブロート
- ★ピッツァマルゲリータ

ほか

●自家製培養酵母の作り方
★レーズン種　★ヨーグルト種
★サワー種　★ルヴァンリキッド・酒種

バターロール、あんぱん、メロンパンからブリオッシュ、フランスパン、ドイツパンまで

70種以上を解説!!

お申し込みはこちらまで　旭屋出版　〒160-0005　東京都新宿区愛住町23番地2　ベルックス新宿ビルⅡ 6階
販売部(直通) TEL：03-5369-6423　http://www.asahiya-jp.com

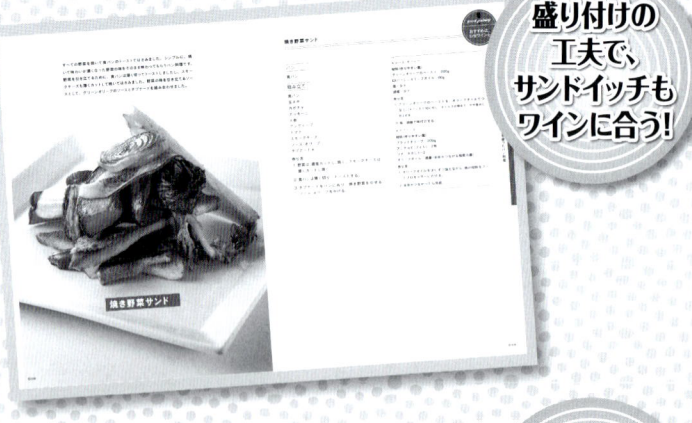

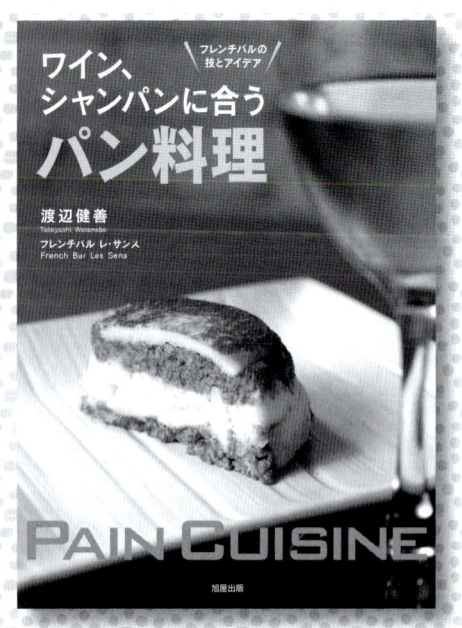

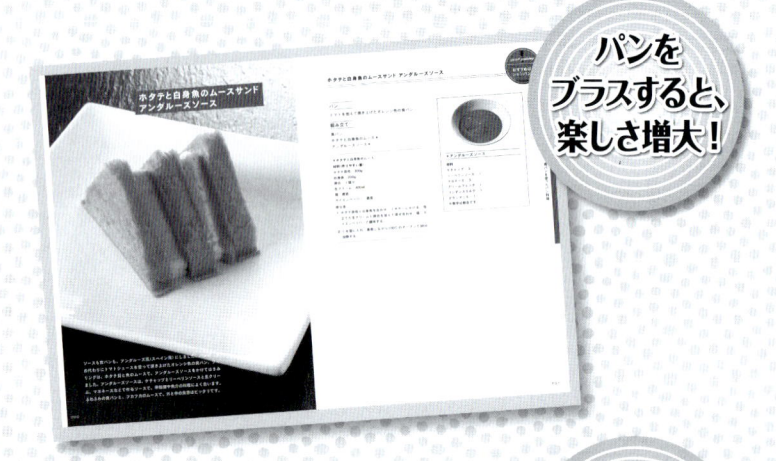

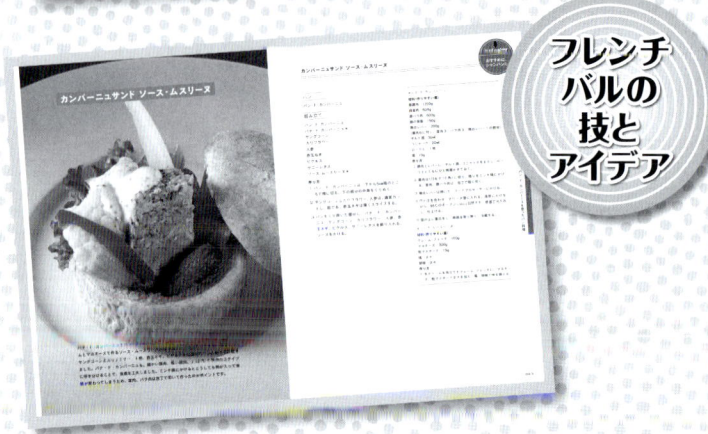

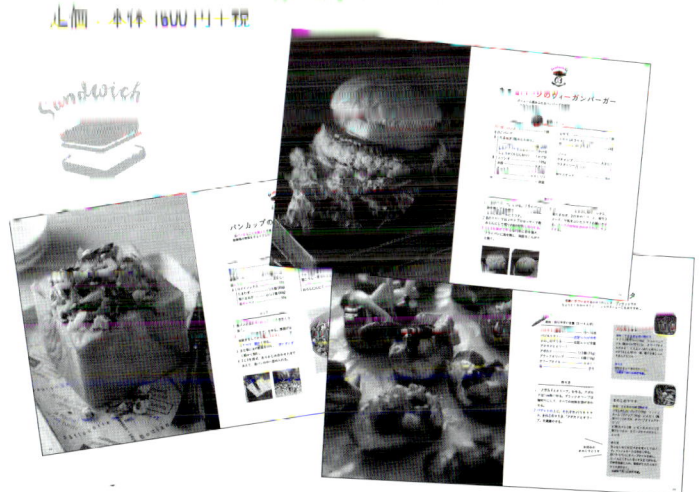

本書は、小社『食パンの技術』(2007年刊)に
追加取材し、再編集・構成・改題したものです。

新版
人気店の食パンの技術

発行日　2019年10月28日　初版発行

編著者　旭屋出版書籍編集部《あさひやしゅっぱんしょせきへんしゅうぶ》
発行者　早嶋　茂
制作者　永瀬正人
発行所　株式会社 旭屋出版
〒160-0005
東京都新宿区愛住町23-2 ベルックス新宿ビルⅡ 6階
郵便振替　00150-1-19572
TEL　03-5369-6423(販売)
03-5369-6424(編集)
FAX　03-5369-6431(販売)
旭屋出版ホームページ　https://www.asahiya-jp.com

印刷・製本　株式会社 シナノ

ISBN978-4-7511-1399-8 C2077

●デザイン　冨川幸雄(studio Freeway)
●カメラ　(社内)後藤弘行　川井裕一郎　間宮 博
●編集　森 正吾
●ライター　西 倫世